金融理论与实践：从业资格考试短期强化辅导系列

证券投资基金基础知识

一鸣证书教研组　编著

南开大学出版社

天　津

图书在版编目(CIP)数据

证券投资基金基础知识 / 一鸣证书教研组编著. —
天津：南开大学出版社,2021.5
(金融理论与实践：从业资格考试短期强化辅导系
列)
ISBN 978-7-310-06106-8

Ⅰ.①证… Ⅱ.①一… Ⅲ.①证券投资－投资基金－
资格考试－自学参考资料 Ⅳ.①F830.91

中国版本图书馆 CIP 数据核字(2021)第 059539 号

证券投资基金基础知识
ZHENGQUAN TOUZI JIJIN JICHU ZHISHI

南开大学出版社出版发行
出版人：陈 敬
地址：天津市南开区卫津路 94 号 邮政编码：300071
营销部电话：(022)23508339 营销部传真：(022)23508542
http://www.nkup.com.cn

天津泰宇印务有限公司印刷 全国各地新华书店经销
2021 年 5 月第 1 版 2021 年 5 月第 1 次印刷
240×170 毫米 16 开本 10 印张 162 千字
定价：50.00 元

如遇图书印装质量问题,请与本社营销部联系调换,电话：(022)23508339

编委会

序

自 1990 年 11 月 26 日上海证券交易所正式成立，2020 年，中国资本市场步入而立之年。相比海外成熟资本市场上百年的发展时间，尽管中国资本市场还很"年轻"，但是伴随着中国经济的快速发展，中国资本市场从雏鹰逐渐成长为展翅高飞的雄鹰，一跃成为全球第二大资本市场。中国资本市场实实在在地走出了一条"上升通道"，向着国际化的道路大步前行。经过 30 多年的发展，中国上市公司群体迅速壮大，传统国企通过股份制改造进入资本市场，完善了公司治理结构，建立起了现代企业制度，提升了竞争能力。现代民企借助资本市场获得了直接融资，拓展了发展空间，实现了快速腾飞。资本市场培育出了一批在国民经济中具有举足轻重地位的核心资产。投资者群体不断壮大，价值投资、理性投资深入人心，各种类型的机构和海量个人投资者活跃于市场，民众投资理财意识越发强烈。

市场的发展离不开人才的成长，不论是投资者还是从业者，掌握扎实的理论基础与落地的实战方法变得愈发重要。如何能将理论与实践融会贯通，为金融人提供更"刚性"的知识与更"干货"的技巧，并通过线上线下的融合，创造更便捷的学习体验与更落地的应用效果，显得尤为重要。基于这样的初心与思考，凝聚了多位资深学者和行业专家智慧与经验的"金融理论与实践丛书"应运而生。

本丛书由金融市场发展热点、金融市场实战案例、金融职业资格认证三个系列构成，从宏观到微观、从理论到实战、从通识到精准多角度呈现相关内容，将行业知识和职业发展相结合，力求为金融领域从业者和金融专业的学生提供一套循序渐进的实用型书籍。伴随着新技术的发展，本丛书也配套开发了数字化学习平台和智能化学习工具，为读者提供了更为多样的阅读方式。

2020 年是多变的一年,新冠肺炎疫情肆虐全球,世界经济面临极大的挑战和不确定性。在本丛书即将出版之际,我们看到中国是 2020 年全球唯一实现正增长的主要经济体,中国经济正逐渐成为"后疫情时代"全球经济增长的引擎。在这个新时代开启的历史时刻,我们也希望本丛书能为读者创造价值,为行业发展助力,为中国经济添砖加瓦。

作为一名南开人,本丛书能在有百年历史的南开大学的出版社出版,我倍感骄傲与荣幸。感谢为本丛书日夜操劳的编写专家、出版社的领导与编辑老师们,因为你们的辛勤付出,这套书的出版变得更有意义。

"征途漫漫,惟有奋斗",让我们在知识的海洋中寻找价值,收获成长。

刘 硕

2021 年 2 月 20 日于盈润园

前　言

　　基金从业资格考试开始于 2015 年 9 月，由中国证券投资基金业协会组织，目前官方考试教材为《证券投资基金》（第二版）和《股权投资基金》。

　　一鸣证书教研组根据近几年基金考试的特点及辅导近万名考生的学习反馈，发现学员普遍存在复习时间不够、抓不到考试重点的困扰。对此，教研组经过多年积累编写了针对基金从业资格考试的高效复习指导教材，即"金融理论与实践：从业资格考试短期强化辅导系列"。本系列适合考生考前突击复习使用，可短期内帮助考生抓住考试重点和理解考试题目，加深对知识点的掌握和记忆，从而达到快速通过考试的目的。本系列有以下六大特色。

　　一、四大模块。从考生的备考习惯出发，把大纲知识点分为四大模块。

　　1. 高频考点：提取历年真题中出现频率在 80%～100% 的考点。

　　2. 中频考点：提取历年真题中出现频率在 50%～80% 的考点。

　　3. 计算专项：计算题集中突破和计算例题辅助解题。

　　4. 数字专项：数字记忆考点，分为时间、比例、金额、个数、日期专项。

　　二、章节分布。每个模块的知识点通过章节分开，方便考生梳理知识点逻辑，从而达到快速记忆知识点的目的。

　　三、难度系数。每个知识点有难度系数区别，分成易、中、难三个层次，让考生有节奏地复习。

　　四、考点分析。每个知识点都有一鸣证书教研组的考点分析，内容包括每个知识点对应的大纲要求，以及经过一鸣证书教研组多年研究总结的考试重点解析。

五、重点标记。每个知识点都有重点标记，它是该知识点出现在考试中的"题眼"，掌握"题眼"，就能轻松答对题目。

六、经典例题。一鸣证书教研组通过改编历年考试真题形成经典例题，能够提高考生对知识点的掌握程度，并让考生熟悉历年考试真题。

本系列可以让考生集中突破高频和中频考点，是短期强化备考的高效辅导教材。本系列适用对象分为以下两种。

一、准备充分的考生。最佳学习时间为考前 2~3 天，可以巩固考生学习的成果，帮助考生拿下通过考试的关键几分。

二、准备不足的考生。最佳学习时间为考前 15~20 天，可以让考生系统性地掌握高频和中频考点，专项突破计算和数字考点。

我们推荐的最佳学习路径是：

考前两周，熟读本书，系统性学习知识点，从整体上把握考点内容；考前一周，着重掌握书中标记的重点内容。加强知识点的记忆，快速提升考前复习效率。

愿我们的付出，能让考生们顺利通过基金考试。对于书中的疏漏和不足之处，恳请广大考生指正，我们会不断改进。

一鸣证书教研组

2021 年 2 月

目　录

第一章
高频考点

第一节　投资管理基础

☞【考点1】三大财务报表（考点难度：易）

1. 资产负债表

◎　资产负债表：又称为第一会计报表，反映企业在某一时点的资产、负债和所有者权益状况。

◎　按照会计恒等式，资产负债表的基本逻辑关系表述为：资产＝负债+所有者权益。所以者权益又称为股东权益或净资产。包括：股本、资本公积、盈余公积、未分配利润。

◎　资产负债表的基本作用

➤　资产负债表列出了企业占有资源的数量和性质。

➤　资产负债表上的资源为分析收入来源性质及其稳定性提供了基础。

➤　资产负债表的资产项可以揭示企业资金的占有情况，负债项则说明企业的资金来源和财务状况，有利于投资者分析企业长期债务或短期债务的偿还能力、是否存在财务困难及违约风险。

➤　资产负债表可以为收益把关。

2. 利润表

◎　利润表：又称为损益表，反映企业一定时期的总体经营成果，揭示企业财务状况发生变动的直接原因。利润表是一个动态报告。

◎　利润表的构成

➤　营业收入。

➤　与营业收入相关的生产性费用、销售费用和其他费用。

➤　利润。利润表的基本表达结构是：利润＝收入-费用。

◎ 利润表的作用

➤ 分析企业如何组织收入、控制成本费用支出以实现盈利的能力，用于评价企业的经营绩效。

➤ 分析收支结构和业务结构，评价各部门业绩成长对企业总盈余的贡献度。

➤ 通过对收入和成本费用的分析，解析企业获利能力高低的原因，进而评价企业是否具有可持续发展能力。

3. 现金流量表

◎ 现金流量表：也称为账务状况变动表，表达的是在特定会计期间内，企业的现金增减变动等情形。

◎ 编制方法：收付实现制。

◎ 现金流量表的构成公式：净现金流（NCF）＝经营活动现金流（CFO）＋投资活动现金流（CFI）＋筹资活动现金流（CFF）。

➤ 经营活动现金流：与生产商品、提供劳务、缴纳税金等直接相关业务产生的股权和债权。

➤ 投资活动现金流：正常生产经营活动投资的长期资产及对外投资产生的现金流。

➤ 筹资活动现金流：企业长期资本（股票和债券、贷款等）筹集资金状况。

◎ 现金流量表的作用

➤ 反映企业的现金流量，评价企业未来产生现金净流量的能力。

➤ 评价企业偿债、支付投资利润的能力，谨慎判断企业财务状况。

➤ 分析净收益与现金流量的差异，并解释差异产生的原因。

➤ 通过对现金投资和融资、非现金投资和融资的分析，全面了解企业财务状况。

➤ 有助于投资者估计今后企业的偿债能力、获取现金的能力、创造现金流量的能力和支付股利的能力。

> ✐ 一鸣证书教研组考点分析：
>
> 掌握资产负债表、利润表和现金流量表提供的信息和作用。此考点为常考考点。主要是考查三大报表的概念、组成公式（计算题），或直接考查报表的作用，考查方式较简单。

【典型例题1】

单选：以下不属于三大财务报表的是（　　　）。

A. 现金流量表　　　　　　　　B. 利润表

C. 资产负债表　　　　　　　　D. 所有者权益变动表

【答案】 D

【解析】 三大财务报表包括资产负债表、利润表和现金流量表三大报表。所有者权益变动表属于财务报表，但不是三大报表。

☞ **【考点2】财务比率**（考点难度：难）

1. 财务杠杆比率

◎　财务杠杆比率用来衡量企业长期偿债能力，财务杠杆比率主要有以下三种（见表1-1）

表1-1　财务杠杆比率分类

分类	要点
资产负债率	资产负债率＝负债总额/资产总额
权益乘数和负债权益比	① 权益乘数＝资产总额/所有者权益总额＝1/（1-资产负债率） ② 负债权益比＝负债总额/所有者权益总额＝资产负债率/（1-资产负债率） ③ 资产负债率、权益乘数和负债权益比三个比率的数值越大，代表的财务杠杆比率越高、负债越重
利息倍数	① 利息倍数＝EBIT（息税前利润）/利息；衡量企业对于长期债务利息保障程度的指标 ② 对于债权人来说，利息倍数越高越安全 ③ 对于企业来说，利息倍数至少应该为1，并且越高越好

2. 盈利能力比率

◎　评价企业盈利能力的比率有以下三种（见表1-2）

表1-2　盈利能力比率分类

分类	要点
销售利润率（ROS）	销售利润率＝净利润总额/销售收入总额；一般来说，其他条件不变时，销售利润率越高越好

续表

分类	要点
资产收益率（ROA）	资产收益率＝净利润总额/总资产总额；资产收益率越高，说明企业有较强的利用资产创造利润的能力
净资产收益率/权益报酬率（ROE）	净资产收益率＝净利润总额/所有者权益总额；这是衡量企业最大化股东财富能力的比率，净资产收益率越高，说明企业利用其自有资本获利的能力越强，投资带来的收益越高

3. 流动性比率

◎　流动性比率是用来衡量企业短期偿债能力的比率。

◎　流动资产和流动负债

➢　流动资产：主要包括现金及现金等价物、应收票据、应收账款和存货等能够在短期内快速变现的资产。

➢　流动负债：是指企业要在一年或一个营业周期内偿付的各类短期债务，具体包括短期借款、应付票据、应付账款等。

◎　常见的流动性比率如下（见表1-3）

表1-3　流动性比率分类

分类	要点
流动比率	流动比率＝流动资产/流动负债；对于债权人来说，流动比率越高越好，因为越高意味着他们收回债款的风险越低；但对于企业来说却并非如此
速动比率	速动比率＝（流动资产-存货）/流动负债；一般来说，速动比率大于1时，企业才能维持较好的财务稳定状况和短期偿债能力

✎　**一鸣证书教研组考点分析：**

掌握流动性比率、财务杠杆比率；掌握衡量盈利能力的三个比率：销售利润率（ROS）、资产收益率（ROA）、权益报酬率（ROE）。本考点最主要的考查方式是财务比率公式的计算，考题通常综合考核多个公式，题型较灵活，记住公式是得分的关键。

【典型例题 2】

单选：A 公司的销售收入是 20 亿，销售利润率是 20%，资产收益率是 30%，净资产收益率是 20%，该公司的所有者权益是（　　）。

A. 5 亿　　　　　B. 10 亿　　　　　C. 20 亿　　　　　D. 2.5 亿

【答案】C

【解析】本题综合考查多个财务比率公式，销售利润率＝净利润/销售收入，20%＝净利润/20，那么净利润＝4 亿；净资产收益率＝净利润/所有者权益，20%＝4/所有者权益，故求出所有者权益＝20 亿。注意，本题干中资产收益率这个指标是干扰项，用不上。

☞【考点 3】货币的时间价值（考点难度：中）

1. 货币时间价值的概念

◎　指货币随着时间的推移而发生的增值，即使两笔金额相等的资金，如果发生在不同的时期，其实际价值量也是不相等的。

◎　在计算期内，资金的收入与支出称为现金流量。资金的支出称为现金流出，资金的收入称为现金流入。

◎　净现金流量＝现金流入－现金流出

2. 终值与现值

◎　终值：$FV = PV \times (1 + i)^n$

◎　现值：$PV = FV / (1 + i)^n$

式中，FV 代表终值，PV 代表现值，i 代表年利率，n 代表计息期数。

✎　一鸣证书教研组考点分析：

　　掌握货币时间价值、现值（PV）和终值（FV）的概念、计算和应用。货币时间价值一般直接考核概念，终值和现值多以计算题的形式出现。

【典型例题 3】

单选：关于货币时间价值的说法，正确的是（　　）。

A. 金额相等的货币持有的时间长度相同则增量也相同

B. 货币的时间价值就是现金流量

C. 货币的时间价值就是现金流入

D. 货币的时间价值指货币随着时间的推移而发生的增值

【答案】D

【解析】货币的时间价值指货币随着时间的推移而发生的增值。

☞ 【考点4】利率（考点难度：中）

1. 利率的概念

◎ 利率是资金的增值与投入资金的价值之比，是衡量资金增值量的基本单位。

2. 名义利率和实际利率

◎ 名义利率 i_n：包含对通货膨胀补偿的利率。

◎ 实际利率 i_r：扣除通货膨胀补偿以后的利率。

$$i_r = i_n - P，P 为通货膨胀率$$

3. 即期利率与远期利率

◎ 即期利率：常用 S_t 表示，表示从现在（$t=0$）到时间 t 的年化收益率，利息和本金都在时间 t 支付。

◎ 远期利率：常用 f 表示，指的是资金的远期价格，是指隐含在给定的即期利率中从未来的某一时点到另一时点的利率水平，具体表现为未来两个日期间借入货币的利率，也可以表示投资者在未来特定日期购买的零息债券的到期收益率，如图1-1所示。

◎ 即期利率和远期利率的区别在于计息日起点不同，即期利率的起点在当前时刻，而远期利率的起点在未来某一时刻。

◎ 远期利率的作用：可以预示市场对未来利率走势的期望，而且一直是中央银行制定和执行货币政策的参考工具，更重要的是，在成熟市场中几乎所有利率衍生品的定价都依赖于远期利率。

◎ 假设1年和2年期的即期利率分别为 S_1、S_2，根据无套利原则及复利计息的方法，第2年的远期利率 f 的计算公式为：

$$f = (1 + S_2)^2 / (1 + S_1) - 1$$

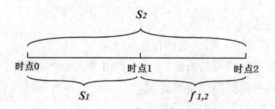

图1-1　即期利率与远期利率的关系

✐ **一鸣证书教研组考点分析：**

掌握名义利率和实际利率的概念和应用；掌握即期利率和远期利率的概念和应用。本考点多出计算题，难度适中，直接代入公式即可。

【典型例题4】

单选：小李在2020年初在某银行存入一笔一年期定期存款，银行利率为3.5%，若2020年居民消费价格指数（CPI）同比增长2%，小张这笔存款的实际利率是（　　）。

A. 2%　　　　B. 1.5%　　　　C. 2.5%　　　　D. 6.5%

【答案】B

【解析】实际利率是在物价不变且购买力不变的情况下的利率，或者是指当物价有变化，扣除通货膨胀补偿以后的利率。本题中CPI为2%，故实际利率为3.5%-2%＝1.5%。

☞ 【考点5】中位数（考点难度：中）

1. 中位数的概念及特点

◎ 中位数是用来衡量数据取值的中等水平或一般水平的数值。对于一组数据来说，中位数就是大小处于正中间位置的那个数值。

◎ 可以避免极端值的影响，与均值相比，中位数的评价结果往往更为合理和贴近实际。

2. 中位数的计算

◎ 从小到大排序（或从大到小）$X_1 \cdots\cdots X_5$，中位数为 X_3。

◎ 从小到大排序（或从大到小）$X_1 \cdots\cdots X_{10}$，中位数为 $\frac{1}{2}(X_5 + X_6)$。

✐ **一鸣证书教研组考点分析：**

掌握中位数的概念、特点及计算。本考点一般两种出题思路，一是直接考查中位数的概念和特点；二是直接考查中位数的计算。

【典型例题5】

单选：一组数据9、8、6、10、12、7、20、25、35、13，该组数据的中位数是（　　）。

A. 10　　　　B. 12　　　　C. 13　　　　D. 11

【答案】D

【解析】先把这组数据按照从小到大排序：6、7、8、9、10、12、

13、20、25、35，总共 10 个数，中位数为 $\frac{1}{2} \times (10 + 12) = 11$。

☞【考点 6】相关系数（考点难度：中）

1. 相关系数的特征

◎ 相关系数是从资产回报相关性的角度分析两种不同证券表现的联动性。通常用 ρ_{ij} 表示证券 i 和证券 j 的收益回报之间的相关系数。

◎ 相关系数的绝对值大小体现两个证券收益率之间的相关性强弱。相关系数总处在-1～+1，即 $|\rho_{ij}| \leq 1$。

➤ 当 $\rho_{ij} = 1$，表示证券 i 和证券 j 的收益完全正相关。

➤ 当 $\rho_{ij} = 0$，表示证券 i 和证券 j 的收益零相关。

➤ 当 $\rho_{ij} = -1$ 表示证券 i 和证券 j 的收益完全负相关。

2. 相关系数的应用

◎ 利用期货与现货资产价格的相关性实现套期保值。

◎ 分析持有的投资组合内各项证券价格的联动性。

◎ 组合整体表现与市场组合收益的数量关系等。

✐ 一鸣证书教研组考点分析：

了解相关系数的概念。本考点多考查相关系数的大小所表示的两种证券间收益的关系。

【典型例题 6】

单选：相关系数的（　　）大小体现两个证券收益率之间相关性的强弱。

A. 标准差　　B. 期望收益　　C. 概率　　D. 绝对值

【答案】D

【解析】相关系数的绝对值大小体现两个证券收益率之间相关性的强弱。

☞【考点 7】资本结构（考点难度：中）

1. 资本类型

◎ 债权资本：通过借债方式筹集的资本。

➤ 公司向债权人借入资金，定期向他们支付利息，并在到期日偿还本金。

➤ 利息高低与公司经营的风险有关：经营稳健的公司支付较低的利息，而风险较高的公司则需要支付较高的利息。

◎ **权益资本**：发行股票**或**置换所有权筹集的资本。最主要的两种权益证券是普通股和优先股（见表1-4）

表1-4 权益证券分类

类型	要点
普通股	① 代表公司股份所有权，享有股东的基本权利和义务，可获得分红，参加股东大会并对特定事项进行投票 ② 普通股股东享有分配盈余及剩余财产的权利，但分配多少取决于公司的经营成果、再投资需求和管理者对支付股利的看法
优先股	① 是一种特殊股票，持有人分得公司利润的顺序先于普通股，在公司解散或破产清偿时先于普通股获得剩余财产 ② 优先股的股息率往往是事先规定好的、固定的，不会因公司经营业绩的好坏而有所变动 ③ 优先股一般情况下不享有表决权

◎ 普通股、优先股、债券在现金流量权与投票权方面的区别（见表1-5）

表1-5 普通股、优先股、债券的区别

类型	现金流量权	投票权
普通股	按公司表现和董事会决议获得分红	按持股比例投票
优先股	获得固定股息	无
债券	获得承诺的现金流（本金+利息）	无

◎ 债权资本和权益资本在清偿顺序方面的区别
　➤ 债券持有人先于优先股股东，优先股股东先于普通股股东。
◎ 债权资本和权益资本在收益和风险方面的区别
　➤ 收益：无论公司盈利与否，公司债权人均有权获得固定利息且到期收回本金；而股权投资者只有在公司盈利时才能获得股息。
　➤ 风险：股权投资的风险更大，要求更高的风险溢价，其收益应该高于债权投资的收益。

2. 莫迪利亚尼-米勒定理（MM定理）
◎ MM定理，又称为资本结构无关原理，该定理认为：
　➤ 不考虑税收、破产成本、信息不对称，并且假设在有效市场里，企业价值不会因为企业融资方式改变而改变。

➢ 修正后的定理：企业发行债券或获取贷款越多，企业价值越大。

◎ 权衡理论

➢ 企业债务增加，提高经营风险和可能产生的破产成本，会增加企业的额外成本。

➢ 最佳资本结构应当是负债和所有者权益之间的一个均衡点，这一均衡点就是最佳负债比率。

✎ **一鸣证书教研组考点分析：**

掌握债权资本和权益资本的概念和区别，以及莫迪利亚尼-米勒定理（MM 定理）。注意区分本考点中权益资本和债权资本的区别，考查重点是普通股和优先股的区别。

【典型例题 7】

单选：下列关于不同类型资本的说法，表述错误的是（　　）。

A. 公司债权人都有权要求公司按约定支付利息及归还本金

B. 普通股股东有分配盈余及剩余财产的权利

C. 优先股股东有对公司盈利和剩余财产的优先分配权

D. 优先股股东一般情况下享有表决权

【答案】D

【解析】优先股股东一般情况下不享有表决权。

第二节　股票、债券、衍生品与另类投资

☞ 【考点 8】股票（考点难度：中）

1. 股票的定义

◎ 证明投资者股东身份，并据以获取股息和红利的凭证，股票实质上代表了股东对股份公司的所有权。

2. 股票的特征

◎ 收益性：股票的收益主要有股息和红利；资本利得。

◎ 风险性：预期收益的不确定性。

◎ 流动性：可以在二级市场买卖。

◎ 永久性：无期限的法律凭证。

◎ 参与性：股票持有人有权参与公司重大决策的特性。

3. 股票的价值

◎ 票面价值：面值

> ➢ 发行价等于面值，为平价发行。

> ➢ 发行价高于面值，为溢价发行。等于面值部分记入股本，超额部分记入资本公积。

◎ 账面价值：又称为每股净资产或股票净值，是每股股票所代表的实际资产的价值。

> ➢ 在盈利水平相同的前提下，账面价值越高，股票的收益越高，股票越有投资价值。

> ➢ 这是股票投资价值分析的重要指标，在计算公司的净收益率时也有重要作用。

◎ 清算价值

> ➢ 理论上应与账面价值一致，但在公司清算时，资产往往只能压低价格出售，加上清算费用，清算价值低于账面价值。

◎ 内在价值

> ➢ 即理论价值，是指股票未来收益的现值。

> ➢ 内在价值决定股票的市场价格，股票的市场价格总是围绕其内在价值波动。

4. 股票的价格

◎ 理论价格：由其价值决定

> ➢ 股票本身无价值，而是一张资产凭证。之所以有价格，是因为其代表收益的价值。股票交易实际是对未来收益权的转让买卖。

> ➢ 股票的理论价格是以一定利率计算出来的未来收入的现值。

◎ 股票的市场价格

> ➢ 股票在二级市场上买卖的价格。

> ➢ 股票的市场价格由股票的价值决定，但同时受许多其他因素的影响。其中，供求关系是最直接的影响因素。

✎ **一鸣证书教研组考点分析：**

理解股票价值和价格的概念。股票的相关知识是常考考点，概念、特征、价值、价格曾多次考查，需全部掌握。

【典型例题8】

单选：下列关于股票的账面价值说法，表述错误的是（　　）。

A. 股票的账面价值决定股票的市场价格

B. 在盈利水平相同的前提下，账面价值越高，股票收益越高

C. 账面价值是每股股票所代表的实际资产的价值

D. 账面价值是投资价值分析的重要指标

【答案】A

【解析】股票的内在价值决定股票的市场价格。

☞【考点 9】可转换债券（考点难度：中）

1. 可转换债券的定义

◎ 可转换债券是指在一段时间内，持有者有权按照约定的价格或转换比率将其转换成普通股股票的公司债券。

2. 可转换债券的特征

◎ 含有转股权的特殊债券

➢ 转股前，它是一种公司债券，体现了公司和可转债持有者之间的债权债务关系。

➢ 转股后，它变成了股票，可转换债券持有者变成公司股东，体现了所有权关系。

◎ 有双重选择权

➢ 对投资者来说，拥有转股权，可转换债券是一种较低债息和转股权组合的证券。

➢ 对发行人来说，拥有提前赎回的权利，可转换债券是一种较高债息成本和提前赎回权组合的证券。

3. 可转换债券的基本要素

◎ 标的股票：一般是发行公司自己的普通股股票。

◎ 票面利率：一般低于同条件的普通债券的票面利率。

◎ 转换期限：可转换债券的期限最短 1 年，最长 6 年；自发行结束之日起 6 个月后才能转换为公司股票。

◎ 转换比例：是每张可转换债券能够转换成的普通股股数。用公式表示为：转换比例=可转换债券面值/转换价格。

◎ 转换价格：是指可转换债券转换成每股股票所支付的价格。用公式表示为：转换价格=可转换债券面值/转换比例。

◎ 赎回条款：一般在公司股票价格升至超过转换价格一定倍数时，公司为避免股本被过度稀释及支付可转换债券持有者过多的盈利而行使赎回权利。

◎　回售条款：在公司股票价格下跌超过转换价格一定幅度时，可转换债券持有者将可转换债券卖回给发行企业。

4. 可转换债券的价值

◎　可转换债券的价值包括两部分

➤　可转换债券价值=纯粹债券价值+转换权利价值。

➤　纯粹债券价值来自债券利息收入，定价方式和普通债券相同。转换权利价值，须视普通股的价格高低而定。股价上升，转换价值也上升；相反，若普通股的价格远低于转换价格，则转换价值就很低。

◎　可转换债券价值、转换价值、债券价值之间的关系

➤　可转换债券价值实际上是一个普通债券加上一个有价值的看涨期权，必须高于普通债券的价值。

➤　股价低时，体现出固定收益类证券的属性。

➤　股价高时，可转债的价格由转换价值决定，体现出权益属性。

> ✎　一鸣证书教研组考点分析：
> 　　掌握可转换债券的定义、特征、基本要素和价值。可转换债券一直是必考的一个知识点，概念、特征、要素、价值都是常考查的内容。

【典型例题9】

单选：下列关于可转换债券双重选择权的说法，正确是（　　　）。

A. 对于投资者来说，拥有转股权，可转换债券是一种较高债息和转股权组合的证券

B. 对于发行人来说，拥有提前赎回权，可转换债券是一种较低债息成本和提前赎回权组合的证券

C. 对于发行人来说，拥有转股权，可转换债券是一种较低债息成本和转股权组合的证券

D. 对于投资者来说，拥有转股权，可转换债券是一种较低债息和转股权组合的证券

【答案】D

【解析】本题考查可转换债券的双重选择权，对于投资者来说，拥有转股权，可转换债券是一种较低债息和转股权组合的证券；对于发行人来说，拥有提前赎回权，可转换债券是一种较高债息成本和提前赎回权组合的证券。

☞ **【考点 10】股票分析方法——基本面分析**（考点难度：中）

1. 基本面分析的定义

◎ 诸如分析预期收益等价值决定因素的分析方法称为基本面分析，公司未来的经营业绩和盈利水平是基本面分析的核心。

◎ 对公司前景预测来说，"自上而下"的层次分析法（三步估值法，宏观—行业—个股）比较实用。

2. 宏观经济分析

◎ 分析宏观经济指标，预测经济周期和宏观经济政策的变化

➢ 经济指标：国内生产总值（GDP）、通货膨胀、利率、汇率、失业率、预算赤字、采购经理指数（PMI，当 PMI 大于 50 时，说明经济在发展；当 PMI 小于 50 时，说明经济在衰退）。

◎ 经济周期：根据实际国民市场总值将宏观经济运行划分为扩张期和收缩期。

◎ 宏观经济政策

➢ 财政政策：是指政府的支出和税收行为，一般采用的宏观财政政策包括扩大或缩减财政支出、减税或增税等。

➢ 货币政策：中央银行采用的三大货币政策包括公开市场操作、利率水平调节和存款准备金率调节。

3. 行业分析

◎ 行业生命周期：初创期—成长期—成熟期—衰退期。

◎ 行业景气度：反映某一特定调查群体或某行业的动态变动特性。

4. 公司市场价格与内在价值

◎ 股票的内在价值即理论价值，是指股票未来收益的现值，由公司资产、收益、股息等因素所决定。

◎ 股票的内在价值决定股票的市场价格，股票的市场价格总是围绕其内在价值波动。

✎ **一鸣证书教研组考点分析：**

理解股票基本面分析和技术分析的区别。本考点要重点理解基本面分析的定义及自上而下的分析方法。

【典型例题 10】

单选：下列选项中，不属于货币政策的是（　　）。

A. 公开市场操作　　　　B. 政府的支出和税收行为

C. 利率水平调节　　　　　D. 存款准备金率调节

【答案】B

【解析】货币政策包括公开市场操作、利率水平调节和存款准备金率调节；政府的支出和税收行为属于财政政策。

☞【考点11】股票分析方法——技术分析（考点难度：中）

1. 技术分析的定义

◎　技术分析是通过研究金融市场的历史信息来预测股票价格的趋势，通过股价、成交量、涨跌幅、图形走势等研究市场行为，以推测未来价格的变动趋势。技术分析只关心证券市场本身的变化，不考虑基本面。

2. 技术分析的三项假定

◎　市场行为涵盖一切信息。

◎　股价具有趋势性运动规律，股票价格沿趋势运动。

◎　历史会重演。

3. 常用技术分析方法（见表1-6）

表1-6　常用技术分析方法

技术分析方法	要点
道氏理论	① 道氏理论认为，股票会随着市场的趋势同向变化以反映市场趋势和状况 ② 股票的变化表现分为长期趋势、中期趋势及短期趋势三种趋势；长期趋势最为重要，也最容易被辨认，它是投资者主要的观察对象；中期趋势对于投资者的重要性次之，但却是投机者的主要考虑因素，它与长期趋势的方向可能相同，也可能相反；短期趋势最难预测，唯有投机交易者才会重点考虑
过滤法则和止损指令	过滤法则又称为百分比穿越法则，是指当某只股票的价格变化突破事先设置的百分比时，投资者就会交易这种股票
"相对强度"理论体系	根据该理论，投资者应购买并持有近期走势明显强于大盘指数的股票，即购买强势股
"量价"理论体系	① 该理论认为，成交量是股市的元气和动力 ② 当一只股票放量上涨或呈现价升量增的态势时，则表明买方意愿强烈，股票有望再续升势。相反，如果一只股票放量下跌，则表明卖压较为沉重，发出空头信号

🖋 **一鸣证书教研组考点分析：**

理解股票基本面分析和技术分析的区别。技术分析的定义、三项重要假定和技术分析方法均为常考考点，需全部掌握。

【典型例题 11】

单选：下列不属于技术分析假定的是（   ）。

A. 具有趋势性运动规律   B. 历史会重演

C. 量价同步上升   D. 市场行为涵盖一切信息

【答案】 C

【解析】 技术分析的三项重要假设是：市场行为涵盖一切信息，股价具有趋势性运动规律，历史会重演。

☞ **【考点 12】债券的种类**（考点难度：中）

1. 按发行主体分类

◎ 政府债券：政府为筹集资金而向投资者出具并承诺在一定时期支付利息和偿还本金的债务凭证。我国政府债券分为以下几种：

➢ 国债：财政部代表中央政府发行的债券。

➢ 地方政府债：由中央财政代理发行和地方政府自主发行的由地方政府负责偿还的债券。

◎ 金融债券：银行和其他金融机构经特别批准而发行的债券，包括政策性金融债（由国家开发银行、中国农业发展银行、中国进出口银行发行）、商业银行债券、特种金融债券（央行批准）等。

◎ 公司债券：公司依照法定程序发行、约定在一定期限还本付息的有价证券。

2. 按偿还期限分类

◎ 短期债券：偿还期在 1 年以下。

◎ 中期债券：偿还期一般为 1~10 年。

◎ 长期债券：偿还期一般为 10 年以上。

3. 按计息方式分类

◎ 固定利率债券：有固定的到期日，并在偿还期内有固定的票面利率和不变的面值。

◎ 浮动利率债券：和固定利率债券的主要不同是，其票面利率不是固定不变的。

➢ 票面利率通常与基准利率挂钩，在其基础上加上利差（可正可负）以反映不同发行人的信用。

> 浮动利率＝基准利率+利差；利差用基点表示，1 个基点等于 0.01%。

◎ 零息债券：零息债券和固定债券一样有一定的偿还期限，但在期间不支付利息，而在到期日一次性支付利息和本金，一般其值为债券面值。

> 以低于面值的价格发行，到期日支付的面值和发行时的差额即投资者的收益。

4. 按嵌入条款分类（见表 1-7）

表 1-7　按嵌入条款分类的债券种类

要点	内容
可赎回债券	① 为发行人提供在债券到期前的特定时段以事先约定价格买回债券的权利 ② 赎回条款是发行人的权利，对债权人不利，与其他属性相同但没有赎回条款的债券相比，可赎回债券的利息更高
可回售债券	① 为债券持有者提供在债券到期前的特定时段以事先约定价格将债券回售给发行人的权利 ② 回售条款是持有者的权利，对发行人不利，与其他属性相同但没有回售条款的债券相比，可回售债券的利息更低 ③ 回售价格通常是债券的面值
可转换债券	是一种混合债券，既包含普通债券的特征，也包含权益特征，具有普通债券的价值和看涨期权的价值
通货膨胀联结债券	面值在每个支付日会通过调整某一消费价格指数来反映通货膨胀的变化
结构化债券	资产证券化是指以其他债券或贷款组成的资产池为支持，构建新的债券产品形式。此类新构建的债券称为结构化债券。主要包括： ① 住房抵押贷款支持证券是以居民住房抵押贷款或商用住房抵押贷款组成的资金池 ② 资产支持证券的发行和住房抵押贷款支持证券类似，其种类是其他债券贷款，如汽车消费贷、学生贷款、信用卡应收款等

5. 按付息方式分类

◎　息票债券：债券发行时规定，在债券存续期内，在约定的时间以约定的利率按期向债券持有人支付利息的中、长期债券。

◎　贴现债券：无息票债券或零息债券，这种债券在发行时不规定利率，券面也不附息票，发行人以低于债券面额的价格出售债券，即折价发行，债券到期时发行人按债券面额兑付。

✐　一鸣证书教研组考点分析：

　理解债券的不同分类方式。债券的分类中，这几种类型都曾考查过，按照嵌入条款分类的方式考查的频率最高。

【典型例题 12】

单选：下列关于可赎回债券与可回售债券的说法，正确的是(　　)。

A. 可赎回债券的赎回价格一般是债券的面值

B. 与其他属性相同但没有回售条款的债券相比，可回售债券的利息更低

C. 与其他属性相同但没有赎回条款的债券相比，可赎回债券的利息更低

D. 可赎回债券的赎回条款是持有人的权利

【答案】B

【解析】回售权是持有人的权利，对发行人不利，与其他属性相同但没有回售条款的债券相比，可回售债券的利息更低。

☞【考点 13】投资债券的风险（考点难度：中）

1. 信用风险

◎　信用风险又称为违约风险，指债券发行人未按照契约的规定支付债券的利息和本金，给投资者带来损失的可能性。

◎　国际知名信用评级机构：穆迪、惠誉、标准·普尔。

2. 利率风险

◎　利率风险指利率变动引起债券价格变动的风险。

◎　债券的价格与利率呈反向变动关系：利率上升时，债券价格下降；而当利率下降时，债券价格上升。

◎　利率风险对固定利率债券和零息债券来说特别重要。

◎　债券价格受市场利率影响，而浮动利率债券的利息在支付日根据当前市场利率重新设定，从而在市场利率上升的环境中具有较低的利率风

险，而在市场利率下行的环境中具有较高的利率风险。

3. 通货膨胀风险

◎　所有种类的债券都面临这种风险，因为利息和本金都是不随通胀水平变化的名义金额。

◎　对通货膨胀风险特别敏感的投资者可购买通货膨胀联结债券。

4. 流动性风险

◎　债券的流动性指的是债券投资者将手中的债券变现的能力。

◎　通常用债券的买卖价差的大小反映债券流动性的大小，买卖价差较小的债券流动性比较高，反之则流动性较低。

◎　债券的流动性风险是指未到期债券的持有者无法以市值，而只能以明显低于市值的价格变现债券形成的投资风险。

5. 再投资风险

◎　是指在市场利率下行的环境中，附息债券收回的利息或者提前于到期日收回的本金只能以低于原债券到期收益率的利率水平再投资于相同属性的债券，而产生的风险。

6. 提前赎回风险

◎　又称为回购风险，指债券发行者在债券到期日前赎回有提前赎回条款的债券所带来的风险。

◎　债券发行人通常在市场利率下降时执行提前赎回条款。

> ✎　一鸣证书教研组考点分析：
> 　　掌握投资债券的风险。投资债券的 6 种风险都很重要，利率风险和流动性风险的考频最高。

【典型例题 13】

单选：债券的价格与利率呈（　　　）变动关系。

A. 正向　　　　B. 不规则　　　　C. 没有必然联系　　　　D. 反向

【答案】D

【解析】债券的价格与利率呈反向变动关系：利率上升时，债券价格下降；而当利率下降时，债券价格上升。

☞【考点 14】**债券的收益率**（考点难度：难）

1. 当期收益率

◎　又称为当前收益率，是债券的年利息收入与当前的债券市场价格的比率。其计算公式为 $I = \dfrac{C}{P}$。

式中，I 表示当期收益率，C 表示年息票利息，P 表示债券市场价格。

◎ 当期收益率没有考虑债券投资所获得的资本利得或损失，只是某一期间所获得的现金收入相较于债券价格的比率。

2. 到期收益率

◎ 又称为内部收益率，是可以使投资购买债券获得的未来现金流的现值等于债券当前市价的贴现率。

◎ 到期收益率相当于投资者按照当前市场价格购买并且一直持有至到期可获得的年平均收益率。

◎ 到期收益率隐含两个重要假设：一是投资者持有至到期，二是利息再投资收益率不变。

3. 到期收益率的影响因素

◎ 票面利率：其他因素相同的情况下，票面利率与债券到期收益率呈同方向增减。

◎ 债券市场价格：其他因素相同的情况下，债券市场价格与到期收益率呈反方向增减。

◎ 计息方式：其他因素相同的情况下，固定利率债券比零息债券到期收益率高。

◎ 再投资收益率：在市场利率波动的情况下，再投资收益率会影响投资者实际的到期收益率。

4. 当期收益率与到期收益率之间的关系

◎ 债券市场价格越接近（偏离）债券面值，期限越长（短），则其当期收益率就越接近（偏离）到期收益率。

◎ 当期收益率的变动总是预示着到期收益率的同向变动。

✎ **一鸣证书教研组考点分析：**

掌握债券当期收益率和到期收益率的区别，以及与债券价格的关系。本考点中债券的到期收益率的假设、影响因素、当期收益率与到期收益率之间的关系是常考考点。

【典型例题 14】

单选：下列关于当期收益率和到期收益率的描述，错误的是(　　)。

A. 其他因素相同的情况下，票面利率与债券到期收益率呈反方向增减

B. 当期收益率没有考虑债券投资所获得的资本利得或损失

C. 当期收益率的变动总是预示着到期收益率的同向变动

D. 到期收益率的其中一个重要假设是投资者持有至到期

【答案】A

【解析】其他因素相同的情况下，票面利率与债券到期收益率呈同方向增减。

☞【考点 15】信用利差（考点难度：中）

1. 信用利差的概念

◎　信用利差是指除信用评级不同外，其余条件全部相同（包括但不限于期限、嵌入条款等）的两种债券收益率的差额。

◎　风险溢价：某一风险债券与某一具有相同期限和票面利率的无风险债券的到期收益率之间的差额。

2. 信用利差的特点

◎　对于给定的非政府部门的债券、给定的信用评级，信用利差随着期限增加而扩大。

◎　信用利差随着经济周期（商业周期）的扩张而缩小，随着经济周期（商业周期）的收缩而扩张。

◎　信用利差的变化本质上是市场风险偏好的变化，受经济预期影响。信用利差的变化一般发生在经济周期发生转换前，可以作为预测经济周期活动的指标。

> ✎　一鸣证书教研组考点分析：
> 掌握信用利差的概念和应用。本考点一般直接考查信用利差的概念及特点，特别是信用利差的第二个特点出现频率较高。

【典型例题 15】

单选：除信用评级不同外，其余条件全部相同（包括但不限于期限、嵌入条款等）的两种债券收益率的差额称为（　　）。

A. 风险溢价　　B. 资本利得　　C. 信用利差　　D. 风险收益

【答案】C

【解析】本题直接考查信用利差的概念。信用利差是指除信用评级不同外，其余条件全部相同（包括但不限于期限、嵌入条款等）的两种债券收益率的差额。

☞【考点 16】远期合约（考点难度：中）

1. 远期合约的定义与特点

◎　远期合约是指交易双方约定在未来的某一确定的时间，按约定的价格买入或卖出一定数量的某种标的资产的合约。

◎ 合约标的：通常为大宗商品和农产品，以及外汇和利率等金融工具。金融远期合约主要包括远期利率合约、远期外汇合约和远期股票合约。

◎ 远期合约是一种非标准化合约，其一般不在交易所进行交易，而是在金融机构之间或金融机构与客户之间通过谈判后签署的。远期合约通常用实物交割。

2. 远期合约的优点

◎ 灵活性比较好：在签署远期合约之前，双方可以就交割地点、到期日、交割价格、交易单位和合约标的资产的质量等细节进行谈判，以便尽量满足双方的需要。

3. 远期合约的缺点

◎ 市场效率偏低：远期合约没有固定的、集中的交易场所，不利于市场信息的披露，也就不能形成统一的市场价格。

◎ 流动性较差：每份远期合约在交割地点、到期日、交割价格、交易单位和合约标的资产的质量等细节上差异很大，给远期合约的流通造成很大不便。

◎ 违约风险较高：远期合约的履行没有保证，当价格变动对其中一方有利时，交易对手有可能没有能力或没有意愿按规定履行合约。

> ✍ **一鸣证书教研组考点分析：**
> 理解期货合约和远期合约的定义与区别；掌握期货合约和远期合约的市场作用。远期合约经常和期货合约一起考查，注意比较二者的差异。

【典型例题 16】

单选：下列关于远期合约的说法，正确的是（ ）。

A. 市场效率较高   B. 违约风险不高

C. 灵活性比较好   D. 有固定、集中的交易场所

【答案】C

【解析】远期合约是非标准化合约，灵活性比较好。

☞ **【考点 17】期货合约**（考点难度：低）

1. 期货合约的定义与特点

◎ 期货合约是指交易双方签署的在未来某个确定的时间按确定的价格买入或卖出某项合约标的资产的合约。

◎　期货合约是标准化的远期交易，在交易所中交易，通常用现金进行结算。

2. 期货合约的要素

◎　包括期货品种、交易单位、最小变动单位、每日价格最大波动限制、合约月份、交易时间、最后交易日、交割等级、其他交割条款。

3. 期货市场的交易制度（见表1-8）

表1-8　期货市场的交易制度

要点	内容
保证金制度	保证金制度就是在期货交易中，任何交易者必须按其所买入或者卖出期货合约价值的一定比例缴纳资金，这个比例通常为 5%～10%，作为履行期货合约的保证，并视价格确定是否追加资金，然后才能参与期货合约的买卖
盯市制度	又称为"逐日结算"，即在每个营业日的交易停止以后，成交的经纪人之间不直接进行现金结算，而是将所有清算事务都交由清算机构办理
对冲平仓制度	对冲平仓是指若持仓者在到期日之前改变已有的头寸，在市场上买卖与自己合约品种、数量相同但方向相反的期货
交割制度	对冲是平仓方式的一种，另一种方式是交割，交割分为实物交割和现金结算两种形式

4. 期货市场的基本功能

◎　风险管理：期货市场最基本的功能是风险管理，具体表现为利用商品期货管理价格风险、利用外汇期货管理汇率风险、利用利率期货管理利率风险及利用股指期货管理股票市场系统性风险。

◎　价格发现：期货市场上来自各个地方的交易者带来了大量的供求信息，标准化合约的转让又增加了市场流动性，期货市场中形成的价格能真实地反映供求状况，同时又为现货市场提供了参考价格，起到了"价格发现"作用。

◎　投机：投机交易增加了市场流动性，承担了套期保值交易转移的风险，是期货市场正常运行的保证。投机者愿意承担风险并提供风险资金，抵消了买入和卖出套期保值者之间的不平衡。

✑ **一鸣证书教研组考点分析：**

理解期货合约和远期合约的定义与区别；掌握期货合约和远期合约的市场作用。期货合约这一部分都比较重要，一般直接考查期货合约和远期合约的区别，期货市场的特征、交割制度和功能。

【典型例题 17】

单选：期货市场中形成的价格能真实地反映供求状况，同时又为现货市场提供了参考价格，这种现象体现了期货市场（　　）功能。

A. 风险管理　　　　B. 投机　　　　C. 价格发现　　　　D. 套期保值

【答案】 C

【解析】 期货市场上来自各个地方的交易者带来了大量的供求信息，标准化合约的转让又增加了市场流动性，期货市场中形成的价格能真实地反映供求状况，同时又为现货市场提供了参考价格，起到了"价格发现"的作用。

☞ **【考点 18】另类投资概述**（考点难度：易）

1. 另类投资的概念

◎ 另类投资：通常被认为是传统投资之外的所有的投资，它是能够在可接受的风险水平下提供合理回报的投资。另类投资并不意味着创新，房地产和大宗商品投资都有悠久的历史。

2. 另类投资的主要类型

◎ 另类资产：自然资源、大宗商品、房地产、基础设施、外汇和知识产权等。

◎ 另类投资策略：长短仓、多元策略投资和结构化产品等。

◎ 私募股权：风险投资、成长权益、并购投资和危机投资等。

◎ 对冲基金：全球宏观、事件驱动和管理期货对冲基金等。

◎ 黄金投资、碳排放权交易、艺术品和收藏品等投资方式。

➢ 黄金 QDII 投资于海外上市交易的黄金 ETF 产品，不能直接投资于海外的黄金期货或现货产品，也有部分黄金 QDII 配置一些黄金类的股票进行投资。

3. 另类投资的优势与局限性

◎ 优势

➢ 另类投资产品给予了投资者更多的选择。

➢ 有利于提高投资回报和分散风险。

> ➤ 部分另类投资相比传统股票或债券有更高的收益率。但是，整体而言，另类投资并不比任何其他投资的波动性更大。

> ➤ 许多另类投资的收益率与传统投资相关性关系更低。

◎ 局限性

> ➤ 缺乏监管、信息透明度低。

> ➤ 流动性差，杠杆率偏高。

> ➤ 估值难度大，难以对资产价值进行准确评判。

✎ 一鸣证书教研组考点分析：

　　掌握另类投资的主要类型、优势和局限性。本考点整体比较简单，重点考查另类投资的优势和局限性。

【典型例题 18】

单选：下列关于另类投资优点，描述错误的是（　　）。

A. 许多另类投资的收益率与传统投资相关性关系更低

B. 另类投资可以分散风险

C. 另类投资产品给予了投资者更多的选择

D. 另类投资能带来规模更大的投资回报，但不稳定

【答案】D

【解析】部分另类投资相比传统股票或债券有着更高的收益率。但是，整体而言，另类投资并不比任何其他投资的波动性更大。

☞【考点 19】私募股权投资（考点难度：中）

1. 私募股权投资的概念

◎ 简称 PE，指对未上市公司的投资。通常采用非公开募集的形式筹集资金，不能在公开市场上进行交易，流动性较差。

2. 私募股权投资的战略形式

◎ 风险投资

> ➤ 风险投资一般采用股权形式将资金投入提供具有创新性的专门产品和服务的初创型公司。

> ➤ 风险投资被认为是私募股权投资中处于高风险领域的战略。

> ➤ 风险资本投资的主要目的并不是未来取得对企业的长久控制权及获得企业的利润分配，而是通过资本的退出，从股权增值当中获取高回报。

◎ 成长权益

> ➢ 投资于已具备成型的商业模型、稳定的顾客群和正现金流的公司。

> ➢ 成长权益投资者通过提供资金，帮助对象企业发展业务和巩固市场地位。

◎ 并购投资

> ➢ 是指专门进行企业并购的基金，即投资者为了满足已设立的企业达到重组或所有权转变目的而存在的资金需求的投资。

> ➢ 并购投资的主要对象是成熟且具有稳定现金流、呈现出稳定增长趋势的企业。

> ➢ 并购投资包括很多不同类型，如杠杆收购、管理层收购等形式。杠杆收购是应用最广泛的形式。

◎ 危机投资：当企业遭遇财务困境时，企业可能无法偿还债务，造成债务违约甚至面临破产。危机投资即购买违约风险较高的公司债，购买价格相比面值常常有很大的折扣。

◎ 私募股权二级市场：投资私募股权二级市场即购买现有私募股权投资的权益。私募股权合伙企业的生命周期通常为 10 年左右。

3. 私募股权投资基金的组织形式

◎ 合伙型基金

> ➢ 合伙型股权投资基金的参与主体主要有普通合伙人、有限合伙人和基金管理人。

> ➢ 普通合伙人：主要代表整个私募股权基金对外行使各种权利，对私募股权基金承担无限连带责任，收入来源是基金管理费和盈利分红。

> ➢ 有限合伙人：负责出资，并以其出资额为限，承担连带责任，负责监督普通合伙人，但是不直接干涉或参与私募股权投资项目的经营管理。

◎ 公司型基金：股权投资基金以股份公司或有限责任公司形式设立。

> ➢ 公司型基金是企业法人实体，具有完整的公司结构和运作方式。

> ➢ 投资者依法享有股东权利，并且和其他公司的股东一样，以其出资额为限承担有限责任。

> ➢ 基金管理人通常作为董事或独立的外部管理人员参与股权投资项目的运营，其会受到股东的严格监督管理。

◎ 信托（契约）型基金：是指通过订立信托契约的形式设立的私募股权投资基金，其本质是信托型基金。信托型基金不具有法律实体地位。

➢ 参与主体主要为基金投资者、基金管理人和基金托管人。

➢ 基金投资者通过购买基金份额，享有基金投资收益。

➢ 基金管理人依据法律、法规和基金合同负责基金的经营和管理操作。

➢ 基金托管人负责保管基金资产，执行管理人有关指令，办理基金名下的资金往来。

4. 私募股权投资的退出机制

◎ 首次公开发行：是指在证券市场上首次发行对象企业普通股票的行为。通常来说，首次公开发行伴随着巨大的资本利得，被认为是退出的最佳渠道。

◎ 买壳上市或借壳上市：是资本运作的一种方式，为不能直接进行IPO的私募股权投资项目提供退出途径，属于间接上市方法。

◎ 二次出售：是指私募股权投资基金将其持有的项目在私募股权二级市场出售的行为。

◎ 管理层回购：是指私募股权投资基金将其所持有的创业企业股权出售给对象企业的管理层从而退出的方式。

➢ 优点：将外部股权全部内部化，使得对象企业保持充分的独立性。

◎ 破产清算：是指私募股权投资基金投资的企业运营失败，项目以破产而告终，被迫退出的一种形式。破产清算，主要在以下三种情况下出现：

➢ 由于企业所属的行业前景不好，或是企业不具备技术优势，或是利润增长率没有达到预期的目标，私募股权投资基金决定放弃该投资企业。

➢ 所投资企业有大量债务无力偿还，又无法得到新的融资，债权人起诉该企业要求其破产。

➢ 所投资企业经营太差，达不到IPO条件，且没有买家愿意接受私募股权投资基金持有的企业的权益，而且继续经营企业获得的收入无法弥补可变成本，继续经营只能使企业的价值变小，只得进行破产清算。

5. J 曲线

◎ 投资者在考察其所投资的私募股权基金收益状况时，会画出一条曲线，其轨迹大致与字母 J 相似，因此被称为 J 曲线。J 曲线以时间为横轴，以收益率为纵轴。

◎ 对基金管理者来说，J 曲线意味着需要尽量缩短该曲线，尽快达到投资者所期望的收益。

◎ 对投资者来说，J 曲线意味着私募股权投资通常并不是在一两年内能够获得回报。在这种长期投资项目中，如果过度偏好和注重短期收益的话，就不利于投资者实现长期的收益目标。

✎ **一鸣证书教研组考点分析：**

理解私募股权投资的概念、战略形式、组织形式、退出机制、J 曲线和风险收益特征。本考点的重点有私募股权投资基金战略形式中的风险投资、并购投资；私募股权投资基金组织形式中公司型基金和合伙型基金的对比。

【典型例题 19】

单选：下列关于私募股权投资基金的组织结构的描述，错误的是(   )。

A. 公司制的基金管理人会受到股东的严格管理

B. 公司型私募股权投资基金具有法人实体地位

C. 有限合伙制的有限合伙人负责监督普通合伙人，必要时直接干涉经营管理

D. 有限合伙制的普通合伙人需要承担无限连带责任

【答案】C

【解析】有限合伙制的有限合伙人负责监督普通合伙人，但是不直接干涉或参与私募股权投资项目的经营管理。

☞ 【考点 20】不动产投资（考点难度：中）

1. 不动产投资的概念、特点

◎ 不动产指土地及建筑物等土地定着物。

◎ 特点

➢ 异质性：每一项不动产都是独特的，估值困难。

➢ 不可分性：投资比例大，不容易拆分。

➢ 低流动性：产权交易时间长，费用高。

2. 不动产投资的类型

◎　地产投资

➤　未被开发的土地，不确定性高，具有较高的投机性。

➤　受宏观环境和法律法规因素影响较大，极具风险。

◎　商业房地产投资：以出租赚取收益为目的，其投资对象主要包括写字楼、零售房地产等设施。

◎　工业用地投资：是指包括生产用设备、研究和开发用空地和仓库等各种工业用资产的所在地。

◎　酒店投资：是指包含品牌的短期性居住设施，以及为职工提供的长期居住设施等房地产。

◎　养老地产等其他形式的投资。

3. 不动产投资工具

◎　房地产有限合伙：由普通合伙人和有限合伙人组成，在功能上类似于私募股权合伙。

➤　有限合伙人：将资金提供给普通合伙人，有限合伙人以出资份额为限对投资项目承担有限责任，并不直接参与管理和经营项目。

➤　普通合伙人：通常是房地产开发公司，依赖其具备的专业能力和丰富经验将资金投资于房地产项目当中，之后管理并经营这些项目。

◎　房地产权益基金：是指从事房地产项目收购、开发、管理、经营和销售的集合投资制度，可能以有限合伙公司、股份有限公司或信托（契约）型基金的形式存在。

➤　房地产权益基金通常以开放式基金形式发行，定期申购和赎回；赎回款从日常运营现金流中获取，如收到租金收入或资产出售等，流动性较好。

◎　房地产投资信托（REITs）：是指通过发行收益凭证或股票募集资金，并将这些资金投资到房地产或房地产抵押贷款的专门机构。

➤　房地产投资信托可以采取上市的方式在证券交易所挂牌交易，是一种资产证券化产品。

➤　房地产投资信托基金的主要收益来自稳定的股息和证券的价格增值。

➤　特点：流动性强；抵补通货膨胀效应；风险较低；信息不对称程度较低。

✎　**一鸣证书教研组考点分析：**

　　理解不动产投资的概念、类型、投资工具和风险收益特征。本考点中不动产投资的特点及投资工具是重点。注意区分三种不同投资工具的特点。

【典型例题 20】

单选：下列不属于不动产投资工具的是（　　　）。

A. 房地产有限合伙　　　　　　B. 房地产投资信托

C. 房地产资产管理计划　　　　D. 房地产权益基金

【答案】C

【解析】不动产投资工具包括房地产有限合伙、房地产权益基金、房地产投资信托。

☞【考点 21】大宗商品投资（考点难度：易）

1. 大宗商品投资的概念及特点

◎　大宗商品是指具有实体，可进入流通领域，但并非在零售环节进行销售，具有商品属性并用于工农业生产与消费使用的大批量买卖的物资商品。

◎　特点

　➤　具有同质化、可交易特征，供需和交易量都比较大。

　➤　商品具有经济价值，但没有未来现金流。

　➤　受全球经济因素、供求关系等影响较大，具有天然的通胀保护功能。

2. 大宗商品投资的类型

◎　能源类大宗商品：原油、天然气、汽油等。能源类大宗商品受国际能源价格、世界经济形势和国家宏观经济政策的影响。

◎　基础原料类大宗商品：铁、铜、橡胶、铁矿石等。基础原料类大宗商品是制造业发展的基础，与生产经营活动密切相关。

◎　贵金属类大宗商品：黄金、白银、铂金。投资和保值工具。

◎　农产品类大宗商品：玉米、大豆、小麦、棉花、鸡蛋等。容易受到天气、自然灾害等条件的影响。

3. 大宗商品投资工具

◎　购买大宗商品实物：很少采用。

　➤　买一桶油，属于消费行为，不算投资。

> ➢ 纽约商品交易所，石油以 1000 桶为最小交易单位。
> ➢ 芝加哥，小麦以 5000 蒲式耳为最小交易单位。

◎ 购买资源或者购买大宗商品有关股票。

◎ 投资大宗商品衍生工具。

> ➢ 大宗商品衍生工具包括远期合约、期货合约、期权合约和互换合约等。

> ➢ 我国有三家商品期货交易所，分别位于上海、大连、郑州。

◎ 投资大宗商品的结构化产品。

✎ **一鸣证书教研组考点分析：**
　　理解各类大宗商品投资的类型、投资方式和风险收益特征。本考点的重点是大宗商品的概念和特点。

【典型例题 21】

单选：下列关于大宗商品的描述，不正确的是（　　　）。

A. 大宗商品具有商品属性

B. 大宗商品具有同质化、可交易等特征

C. 大宗商品价值受全球经济因素、供求关系等影响较大，在通货膨胀时价格随之下降

D. 大宗商品具有经济价值

【答案】 C

【解析】 受全球经济因素、供求关系等影响较大，具有天然的通胀保护功能。

第三节　投资者管理流程和投资组合管理

☞ **【考点 22】投资管理流程**（考点难度：中）

1. 投资组合管理的步骤

◎ CFA 协会将投资管理过程划分为规划、执行和反馈三个基本步骤，它是一个动态反馈的循环过程。

2. 各个步骤的内容

◎ 规划

> ➢ 确定并量化投资者的投资目标和投资限制。

> ➢ 制订投资政策说明书。

➤ 形成资本市场预期。

➤ 建立战略资产配置。

◎ 执行：投资执行是投资规划的实现。

◎ 反馈：投资组合的反馈由以下两个部分组成

➤ 监控和再平衡。

➤ 业绩评估。为了对投资目标的实现情况和投资管理能力进行评价，投资者需定期对投资业绩进行阶段性的评估。对投资管理能力的评价由以下三个部分组成：①业绩度量；②业绩归因；③绩效评估。

✎ 一鸣证书教研组考点分析：
　　理解投资管理的步骤及各个步骤的内容。本考点的重点是投资组合管理的三个步骤：规划、执行和反馈。

【典型例题 22】

单选：下列关于投资组合管理的基本流程的说法，表述正确的是（　　）。

A. 主要包括规划、研究和执行三个基本步骤

B. 主要包括研究、执行和反馈三个基本步骤

C. 主要包括规划、执行和实施三个基本步骤

D. 主要包括规划、执行和反馈三个基本步骤

【答案】D

【解析】CFA 协会将投资管理过程划分为规划、执行和反馈三个基本步骤，它是一个动态反馈的循环过程。

☞【考点 23】投资者类型和特征（考点难度：中）

1. 个人投资者的特征

◎ 投资需求受个人所处生命周期的不同阶段和个人境况的影响，呈现较大的差异化特征。

◎ 可投资的资金量较小。

◎ 风险承受能力较弱。

◎ 投资相关的知识和经验较少，专业投资能力不足。

◎ 通常需要借助基金销售服务机构进行投资。

2. 影响个人投资者投资需求的因素

◎　个人投资者在生命周期中所处的阶段：随着年龄的增长，个人投资者的风险承受能力和风险承受意愿逐渐递减。

◎　个人投资者的预期投资期限。

◎　个人投资者对风险和收益的要求。

◎　个人投资者对流动性的要求。

◎　个人投资者不同的财务状况。

◎　个人投资者的其他个人状况，如就业状态和家庭状况，也会对其投资需求产生多方面的影响。

3. 机构投资者的特征

◎　资金实力雄厚，投资规模相对较大。

◎　具有比个人投资者更高的风险承受能力。

◎　投资管理专业。

◎　投资行为规范。

4. 我国主要的机构投资者

◎　商业银行。

◎　保险公司：一般情况下，保险公司对待风险的态度比较谨慎。保险公司又可分为以下两种类型。

➢　财险公司：财险公司吸纳的保费投资期限较短，并且赔偿额度具有很大的不确定性，因此财险公司通常将保费投资于低风险资产。

➢　寿险公司：寿险公司通过人寿保险业务吸纳的保费具有较长的投资期，可以部分投资于风险较高的资产。

◎　全国社会保障基金。社会保障资金的投资运作受到严格的制度约束，长期以来奉行的理念是：价值投资、长期投资和责任投资。

◎　企业年金基金。企业年金计划筹集的资金及其投资运营收益形成的企业补充养老保险基金就是企业年金基金，它属于我国社会保障体系下的一类机构投资者。企业年金在投资过程中需要严格遵循有关法规确定的投资比例限制，遵循谨慎和分散风险的原则，充分考虑企业年金基金财产的安全性、收益性、流动性，并实行专业化管理。企业年金基金财产的投资范围很广。

◎　财务公司。一些大型企业设有财务公司，主要负责资金管理和投资。

◎ 合格境外机构投资者。合格境外机构投资者（QFII）也是一类重要的机构投资者。

◎ 公募基金公司。

◎ 私募基金公司。

◎ 获准开展自营业务的证券公司。

◎ 保险资产管理公司。

◎ 证券公司下属资产管理子公司。

✐ 一鸣证书教研组考点分析：

掌握个人投资者及机构投资者的特征。本考点的重点是影响个人投资者需求的各种因素，需要重点掌握。

【典型例题 23】

单选：随着年龄的增长，个人投资者的风险承受能力和风险承受意愿逐渐（　　）。

A. 递增　　　　B. 保持不变　　　　C. 递减　　　　D. 随情况而变

【答案】C

【解析】随着年龄的增长，个人投资者的风险承受能力和风险承受意愿逐渐递减。

☞【考点 24】影响投资者需求的因素（考点难度：中）

1. 投资目标

◎ 风险容忍度：主要取决于承担风险的能力和意愿两个方面。

➢ 承担风险能力：由投资者自身的投资期限、收入支出状况和资产负债状况等客观因素所决定。

➢ 承担风险意愿：取决于投资者的心理状况及其当时所处的境况，反映了投资者的风险厌恶程度，是投资者的主观愿望。

◎ 收益目标：收益目标可以是绝对收益，也可以是相对收益。收益率分为名义收益率和实际收益率。

➢ 名义收益率：仅反映资产名义数值的增长率。

➢ 实际收益率：在名义收益率的基础上减去通货膨胀率；反映资产实际购买力的增长率，故长期投资者主要关注实际收益率。

2. 投资限制

◎ 流动性要求

➢ 若资产能够在短期内以合理价格迅速表现，而不需要支付较高的成本，则该资产的流动性较好；若资产在短期内无法变现，或者只能以较低价格或较高的交易成本变现，则该资产的流动性较差。

➤ 流动性要求可以通过持有现金或者现金等价物，或者通过把其他资产变现为现金或现金等价物来满足。

➤ 投资期限越短，投资者对流动性的要求越高。流动性和收益之间通常存在反向关系。

◎ 投资期限：投资期限越长，投资者能够承担的风险越大。

◎ 税收政策：投资策略的业绩好坏通过税后收益来衡量。

◎ 法律法规要求：政府和监管机构所颁布实施的限制投资者投资决策的外部因素。

◎ 特殊需求：投资范围受到社会、信仰、伦理等各种独特因素影响。

✎ **一鸣证书教研组考点分析：**

掌握不同类型投资者在投资目标、投资限制等方面的特点。本考点的重点是影响投资需求的主要因素，一般直接考查或以案例的形式出现。

【典型例题 24】

单选：以下不属于影响投资者需求因素的是（　　　）。

A. 投资期限　　　B. 收益目标　　　C. 风险容忍度　　　D. 多样化

【答案】 D

【解析】 影响投资者需求的因素主要有投资目标（风险容忍度、收益目标）和投资限制（流动性要求、投资期限、税收政策、法律法规要求、特殊需求）。

☞ **【考点 25】基金公司投资管理架构**（考点难度：中）

1. 基金公司投资管理部门设置

◎ 投资决策委员会

➤ 是基金管理公司管理基金投资的最高决策机构。

➤ 在遵守国家有关法律法规、公司规章制度的前提下，对基金公司各项重大投资活动进行管理，审订公司投资管理制度和业务流程，并确定不同管理级别的操作权限。

◎ 研究部

➤ 是基金投资运作的基础部门。

➤ 通过对宏观经济形势、行业状况、上市公司等进行详细的分析和研究，提出行业资产配置建议，并选出具有投资价值的上市公司建立股票池，向基金投资决策部门提供研究报告及投资计划建议。

◎ 投资部

➢ 根据投资决策委员会制定的投资原则和计划制订投资组合的具体方案；在实际操作中，投资决策是由基金经理负责的。

◎ 交易部

➢ 负责投资组合交易指令的审核、执行与反馈，是基金投资运作的具体执行部门。

➢ 基金交易部属于基金公司的核心保密区域，执行最严格的保密要求。

2. 基金公司投资流程

◎ 形成投资策略。

◎ 构建投资组合。

◎ 执行交易指令。在基金公司内部，交易指令执行情况如下：

➢ 在自主权限内，基金经理通过交易系统向交易室下达交易指令。

➢ 交易总监审核投资指令（价格、数量）的合法合规性，并将指令分配给交易员。投资交易系统将自动拦截违规指令，若发现异常指令，由交易总监反馈信息给基金经理并有权终止指令，同时报上级主管领导，并通知合规风控部门。

➢ 交易员接收到指令后有权根据自身对市场的判断选择合适时机完成交易。

◎ 绩效评估和组合调整。

◎ 风险管理。

✍ 一鸣证书教研组考点分析：

掌握基金公司投资管理部门设置和基金公司投资交易流程。本考点中投资管理机构各部门的职责和定位是最常考知识点。另外，基金公司的投资管理流程及交易指令执行情况也是常考知识点。

【典型例题 25】

单选：（ ）是基金公司管理基金投资的最高决策机构。

A. 风险管理部　　B. 投资决策委员会　　C. 交易部　　D. 研究部

【答案】B

【解析】投资决策委员会是基金公司管理基金投资的最高决策机构。

☞**【考点 26】系统性风险与非系统性风险**（考点难度：易）

◎　**非系统性风险**是指能够**通过构造资产组合分散掉**的风险，是**可以避免**的风险。

◎　**系统性风险**是指**不能通过构造资产组合分散掉**的风险。

◎　**资产组合的总风险**可以表示为**系统性风险和非系统性风险之和**：总风险＝系统性风险+非系统性风险。

2. 风险溢价

◎　**风险溢价**是指投资者要求在承担风险的时候得到的风险补偿。

◎　非系统性风险可以通过构造资产组合分散掉，因此，**承担非系统性风险不能得到风险补偿**。

◎　当组合中资产的**数目逐渐增多**时，非系统性风险就会被逐渐分散，但是无论资产数目有多少，**系统性风险都是固定不变的**，如图 1-2 所示。

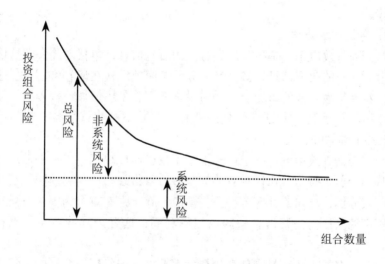

图 1-2　系统性风险和非系统性风险

✎　**一鸣证书教研组考点分析：**

掌握系统性风险和非系统性风险的概念。本考点的重点是系统性风险和非系统性风险的区别。

【典型例题 26】

单选：下列关于系统性风险的说法，正确的是（　　）。

A. 系统性风险是只对某个或某些资产收益造成影响的风险

B. 系统性风险是可以通过分散化投资来降低的风险

C. 系统性风险是指不能通过构造资产组合分散掉的风险

D. 系统性风险又称为特定风险、异质风险或个体风险

【答案】C

【解析】系统性风险是指不能通过构造资产组合分散掉的风险。

☞【考点 27】市场有效性（考点难度：中）

1. 尤金·法玛对消息的分类

◎ 内部消息：指未公开的、只有公司内部人员才能获得的私人信息。

◎ 当前公开可得消息：是指一切可公开获得的有关公司财务及发展前景等方面的信息。

◎ 历史消息：主要包括证券交易的有关历史资料，如历史股价、成交量等。

2. 有效市场分类

◎ 强有效市场：是指与证券有关的所有信息，包括公开发布的信息和未公开发布的内部消息，都已经充分、及时地反映在证券价格中。这意味着，在一个强有效的市场上，任何投资者不管采用何种分析方法，除了偶尔靠运气"预测"到证券价格的变化外，是不可能重复地、更不可能连续地取得成功的。

◎ 半强有效市场：是指证券价格不仅已经反映了历史价格信息，而且反映了当前所有与公司证券有关的公开有效信息，如盈利预测、红利发放、股票分拆、公司购并等各种公告信息。在半强有效市场中，市场参与者就不可能从任何公开信息中获取超额利润，这意味着基本面分析方法无效。

◎ 弱有效市场：是指证券价格能够充分反映价格历史序列中包含的所有信息，如证券的价格、交易量等。在一个弱有效证券市场上，任何为了预测未来证券价格走势而对以往价格、交易量等历史信息所进行的技术分析都是徒劳的。

✎ 一鸣证书教研组考点分析：

理解市场有效性假说。本考点主要考查三种有效市场所反映的信息。注意不要混淆。

【典型例题 27】

单选：在弱有效市场中，证券价格能够充分反映的信息为（　　）。

A. 所有公开有效信息

B. 所有历史信息、当下信息及预期的信息

C. 未公开发布的内部消息

D. 历史序列中证券的价格、交易量等

【答案】D

【解析】弱有效市场是指能够充分反映价格历史序列中包含的所有信息，如证券的价格、交易量等。

☞【考点 28】 主动投资和被动投资（考点难度：中）

1. 主动投资策略

◎ 主动投资策略又称为积极投资策略，即试图通过选择资产来跑赢市场。

◎ 主动投资者注重寻找被低估或高估的资产类别、行业或证券；有时也试图通过市场择时（市值估值较低时买入，估值较高时卖出）来获得超额收益。

◎ 业绩来源

➢ 投资者使用信息的能力：信息深度。

➢ 投资者所掌握的投资机会的个数：信息广度。

◎ 主动收益：即相对于基准的超额收益，其计算方法为：主动收益=证券组合的真实收益-基准组合的收益。

◎ 主动风险

➢ 主动风险是证券组合的主动收益的标准差。

➢ 主动风险是信息比率公式中的分母。

◎ 主动投资的目标：扩大主动收益，缩小主动风险，提高信息比率。

2. 被动投资策略

◎ 被动投资策略投资者认为，应该复制市场基准的收益与风险，而不是试图跑赢市场。

◎ 在市场定价有效的前提下，要想提高收益，最佳的选择是被动投资策略，任何主动投资策略都将导致不必要的交易成本。

◎ 被动投资的目标是同时减少跟踪偏离度和跟踪误差。

◎ 跟踪误差：跟踪误差是证券组合相对基准组合的跟踪偏离度的标准差，其中跟踪偏离度的计算公式为：跟踪偏离度=证券组合的真实收益

率-基准组合的收益率。

◎ 跟踪误差产生的原因

➤ 现金留存。

➤ 各项费用。

➤ 复制误差。

➤ 其他影响：分红因素和交易证券时的冲击成本。

3. 两种策略的关系

◎ 两者并不完全对立，有些投资策略介于两者之间。

✍ 一鸣证书教研组考点分析：

掌握主动投资策略和被动投资策略的概念、方法和区别。本考点重点考查主动投资策略与被动投资策略概念的区别；主动投资策略的业绩来源、主动收益、主动风险相关概念；跟踪误差的概念。

【典型例题 28】

单选：( ) 认为市场定价有效，提高收益的最佳选择是复制市场基准的收益与风险。

A. 主动策略　　B. 积极策略　　C. 主观策略　　D. 被动策略

【答案】D

【解析】被动投资策略认为市场定价有效，提高收益的最佳选择是复制市场基准的收益与风险。

☞【考点 29】战略资产配置与战术资产配置（考点难度：中）

1. 战略资产配置

◎ 战略资产配置是为了满足投资者风险与收益目标所做的长期资产的配比；是反映投资者的长期投资目标和策略，确定各主要大类资产的投资比例，建立最佳长期资产组合结构。

◎ 战略资产配置是根据投资者的风险承受能力，对资产做出一种事前的、整体性的、最能满足投资者需求的规划和安排。

◎ 战略资产配置在较长投资期限内以追求长期回报为目标。战略资产配置方式重在长期回报，不考虑资产的短期波动，其投资期限可以长达5 年以上。

◎ 战略资产配置一旦确定，会在投资期限内保持相对稳定。

2. 战术资产配置

◎ 战术资产配置是在遵守战略资产配置确定的大类资产比例基础

上，根据短期内各特定资产类别的表现，对投资组合中各特定资产类别的权重配置进行调整。

◎　战术资产配置的周期较短，一般在一年以内，如月度、季度。

◎　与战略资产配置策略相比，战术资产配置策略在动态调整资产配置状态时，需要根据实际情况的改变重新预测不同资产类别的预期收益情况，但没有再次估计投资者偏好与风险承受能力或投资目标是否发生了变化。

◎　运用战术资产配置的前提条件是基金管理人能够准确地预测市场变化、发现单个证券的投资机会，并且能够有效实施动态资产配置投资方案。

✎　**一鸣证书教研组考点分析：**
　　掌握战略资产配置和战术资产配置的概念和应用。本考点中战略资产配置和战术资产配置都非常重要，可单独考查或者结合在一起考查。

【典型例题 29】

单选：关于战略资产配置与战术资产配置的表述，错误的是(　　　)。

A. 战略资产配置是在一个较长时期内以追求长期回报为目标的资产配置

B. 战略资产配置重在长期回报，往往忽略资产的短期波动

C. 战术资产配置是根据投资者的风险承受能力，对资产做出的一种事前的、整体性的、最能满足投资者需求的规划和安排

D. 战术资产配置的周期较短，一般在一年以内，如月度、季度

【答案】C

【解析】战略资产配置是根据投资者的风险承受能力，对资产做出的一种事前的、整体性的、最能满足投资者需求的规划和安排。

☞【考点 30】股票和债券投资组合的构建（考点难度：中）

1. 股票投资组合构建

◎　自上而下策略：从宏观形势及行业、板块特征入手，明确大类资产、国家、行业的配置，再挑选相应的股票作为投资标的，实现配置目标。

◎　自下而上策略：依赖个股筛选的投资策略，关注的是各个公司的表现，而不是经济或市场整体趋势，因此自下而上并不重视行业配置。自下而上策略主要关注个股的选择，在实施过程中没有固定模式，只要能够选出业绩突出的股票即可。自下而上的选股理念在市场存在众多的定价无

效的情况下能发挥很好的作用。

◎　无论哪种策略，基金的投资组合构建在大类资产、行业、风格及个股等层次上都可能受到基金合同、投资政策、基金经理能力等多方面的约束。

2. 债券投资组合构建

◎　债券有其不同于股票的独特分析方法，主要分析指标有利率期限结构、到期收益率、凸性、久期等。

◎　债券型基金需要选择一个业绩比较基准，以方便投资者或内部管理者考核基金的业绩。债券型基金在选择业绩比较基准的时候以债券指数为主，在投资范围允许的前提下，可以加入一定比例股票指数形成复核基准。股票指数的权重要符合基金投资比例和投资范围。

✎　**一鸣证书教研组考点分析：**

掌握股票投资组合和债券投资组合的构建要点。本考点的重点在于区分股票投资组合构建的自上而下策略和自下而上策略。

【典型例题 30】

单选：下列关于股票投资组合构建的策略，错误的是（　　　）。

A. 自上而下策略从宏观形势及行业、板块特征入手，明确大类资产、国家、行业配置，再挑选相应股票

B. 自下而上策略关注各个公司表现，而非经济或市场整体趋势，不重视行业配置

C. 无论哪种策略，基金的投资组合构建在大类资产、行业、风格及个股选择上都受到基金合同、投资政策、基金经理能力等多方面的约束

D. 自下而上策略适用于市场定价有效的情况

【答案】D

【答案】自下而上的选股理念在市场存在众多的定价无效的情况下能发挥很好的作用。

第四节　投资交易管理与投资风险控制

☞【考点 31】做市商和经纪人的区别（考点难度：中）

1. 做市商与经纪人的区别

◎　两者的市场角色不同。做市商在报价驱动市场中处于关键性地

位，他们在市场中与投资者进行买卖双向交易，而经纪人则是在交易中执行投资者的指令，并没有参与到交易中。

◎　两者的利润来源不同。做市商的利润主要来自证券买卖差价，而经纪人的利润则主要来自给投资者提供经纪业务的佣金。

◎　两者对市场流动性的贡献不同。在报价驱动市场中，做市商是市场流动性的主要提供者和维持者，而在指令驱动市场中，市场流动性是由投资者的买卖指令提供的，经纪人只是执行这些指令。

2. 做市商与经纪人的联系

◎　两者有时可以共同完成证券交易，当做市商之间进行资金或证券拆借时，经纪人往往是不错的帮手，有些经纪人甚至是专门服务于做市商的。

✎　**一鸣证书教研组考点分析：**

理解做市商和经纪人的区别。本考点的重点是做市商与经纪人的三个区别，需掌握二者在市场角色、利润来源、市场流动性贡献三个方面的不同之处。

【典型例题 31】

单选：下列关于经纪人和做市商的描述，不正确的是（　　　）。

A. 在指令驱动市场中，市场流动性是由投资者的买卖指令提供的，经纪人只是执行这些指令

B. 做市商的利润来源于证券买卖差价

C. 经纪人在交易中执行投资者指令，并没有参与到交易中

D. 两者总是不能共同完成证券交易

【答案】D

【解析】两者有时可以共同完成证券交易，当做市商之间进行资金或证券拆借时，经纪人往往是不错的帮手，有些经纪人甚至是专门服务于做市商的。

☞【考点 32】最佳执行（考点难度：中）

1. 最佳执行的概念

◎　CFA 协会认为，最佳执行是公司（包括买方、卖方）在规定的投资目标和限制内，为最大化客户投资组合价值而采用的交易流程。

◎　最佳执行的实施框架包含了过程、披露和记录三个方面。此时，投资管理公司应做到以下几点：

> ➤ 编制政策和流程，通过最佳执行管理来实现客户资产价值最大化。相关政策和流程应体现对交易质量的管理。

> ➤ 向现有和潜在客户披露交易技术、渠道和经纪商方面的信息，以及任何可能的与交易相关的利益冲突。

> ➤ 妥善管理其档案记录，提供其在合规和披露义务方面的佐证。

✎ **一鸣证书教研组考点分析：**

掌握最佳执行的概念。本考点的重点是最佳执行的实施框架的三个方面。

【典型例题 32】

单选：最佳执行的实施框架不包括（　　）。

A. 过程　　　　　B. 披露　　　　　C. 记录　　　　　D. 协调

【答案】D

【解析】最佳执行的实施框架包含了过程、披露和记录三个方面。

☞【考点 33】交易成本（考点难度：中）

1. 隐性成本

◎ 隐性成本：是包含在交易价格以内的、由具体交易导致的额外费用支出，一般无法准确计量，也不能事先确定。

◎ 隐性成本包括以下内容（见表 1-9）。

表 1-9　隐性成本包括的内容

要点	内容
买卖价差	①买卖价差在很大程度上由证券类型及其流动性决定。从本质上说，买卖价差是流动性的体现 ②一般而言，大盘蓝筹股流动性较好，买卖价差小；小盘股则反之。成熟市场，如美国市场的股票，总体流动性较好，价差较小；而新兴市场总体上买卖价差较大 ③另外，市场在不同的时段也会表现出不同的流动性
机会成本	基金经理提交指令后，交易员有时可能需要一些时间来分析市场，或者等待合适的价格。在此过程中，价格可能会向有利或不利的方向变动，带来延迟成本。向有利方向变动时会产生收益；向不利方向变动时会带来额外成本，可能造成交易全部或部分无法完成，这就意味着投资决策无法得到执行，也会带来机会成本

续表

要点	内容
冲击成本	交易指令下达后形成的市场价格与交易没有下达情况下，市场可能的价格之间的差额就是冲击成本
对冲费用	投资管理人可以使用远期、期货、互换等衍生工具在转持过程中进行风险对冲，减少与目标组合的差别。对冲工具的使用会带来对冲费用

2. 显性成本

◎　显性成本：是不包括在交易价格以内的费用支出，可以准确计量和事先确定。按照收费主体划分，显性成本包含经纪商佣金、税费、交易所规费/结算所规费。

✎　**一鸣证书教研组考点分析：**

掌握交易成本的组成。本考点的重点是显性成本和隐性成本的分类，以及隐性成本中买卖价差的特点。

【典型例题 33】

单选：下列关于买卖价差的说法，正确的是（　　）。

A. 买卖价差很大程度上由证券的交易量决定

B. 市场在不同时段表现同样的流动性

C. 新兴市场买卖价差较大

D. 大蓝筹股流动性好，买卖价差大

【答案】C

【解析】买卖价差在很大程度上由证券类型及其流动性决定。从本质上说，买卖价差是流动性的体现。一般而言，大盘蓝筹股流动性较好，买卖价差小；小盘股则反之。成熟市场，如美国市场的股票，总体流动性较好，价差较小；而新兴市场总体上买卖价差较大。

☞【考点 34】投资风险的类型（考点难度：中）

1. 投资风险的概念

◎　基金公司管理的投资组合面临投资价值的波动带来的投资风险。基金公司要在保证资产安全的前提下，追求投资收益的最大化。

◎　基金公司的核心业务是投资风险管理，步骤包括识别风险、测量风险、处理风险，以及风险管理的评估和调整。

◎　投资风险的主要因素包括：借款方还债的能力和意愿（信用风

险）、市场价格（市场风险）、在规定时间和价格范围内买卖证券的难度（流动性风险）。

2. 信用风险

◎ 信用风险的概念：信用风险来源于贷款的借贷方、债券发行人，以及回购交易和衍生产品的交易对手的违约可能性。

◎ 信用风险管理的主要措施

➤ 制定交易对手信用评级制度，根据交易对手的资质、信用记录、交易记录和交收违约记录等因素对交易对手进行信用评级，并定期更新。

➤ 建立严格的信用风险监控体系，对信用风险及时发现、汇报和处理。基金公司可对其管理的所有投资组合与同一交易对手的交易集中度进行限制和监控。

➤ 建立针对债券发行人的内部信用评级制度，结合外部信用评级，进行发行人信用风险管理。

3. 流动性风险

◎ 流动性风险的主要表现

➤ 基金管理人为实现投资收益而卖出证券时或者在建仓时，可能会由于市场流动性不足而无法按预期的价格在预定的时间内将证券买进或卖出。

➤ 开放式基金发生投资者赎回时，所持证券流动性不足，基金管理人被迫在不适当的价格大量抛售股票或债券，或无法满足投资者的赎回请求。两者都可能使基金净值受到不利影响。

➤ 当流动性供给者与需求者出现供求不平衡时便会带来流动性风险。流动性风险有两方面的影响，从资金需求的角度，取决于基金持有人的结构；从资金供给的角度，取决于股票市场和货币市场的资金供给。

◎ 流动性风险管理的主要措施

➤ 建立流动性预警机制。当流动性风险指标达到或超出预警阈值时，应启动流动性风险预警机制，按照既定投资策略调整投资组合资产结构，或剔除个别流动性差的证券，以使组合的流动性维持在安全水平。

➤ 制定流动性风险管理制度，平衡资产的流动性与盈利性，以适应投资组合日常运作需要。

➤ 进行流动性压力测试，测算当面临外部市场环境的重大变化或巨额赎回压力时，冲击成本对投资组合资产流动性的影响，并相应调整资产配置和投资组合。

➤ 及时对投资组合资产进行流动性分析和跟踪，包括计算各类证券的历史平均交易量、换手率和相应的变现周期，关注投资组合内的资产流动性结构和投资组合品种类型等因素的流动性匹配情况。

➤ 制订流动性风险处置预案，在流动性风险事件发生后能够及时有序地进行处置，建立健全自身的流动性保障和应对机制，防范风险外溢。

➤ 分析投资组合持有人特征和结构，关注投资者申赎意愿。

4. 市场风险

◎　市场风险的概念：市场风险是指基金投资行为受到宏观政治、经济、社会等环境因素对证券价格所造成的影响而面临的风险。

◎　市场风险的类型

➤ 利率风险：是指因利率变化而产生的基金价值的不确定性。利率变动主要受中央银行的货币政策、通货膨胀预期、经济周期和国际利率水平等的影响。

➤ 汇率风险：汇率风险是指因汇率变动而产生的基金价值的不确定性。合格境内机构投资者（QDII）基金由于涉及外汇业务对汇率反应较为敏感，因而受汇率影响较大。影响汇率的因素有国际收支及外汇储备、利率、通货膨胀和政治局势等。

➤ 经济周期性波动风险：经济发展具有一定的周期性，由于基金投资的是金融市场已存在的金融工具，所以基金便会追随经济总体趋向而发生变动。

➤ 购买力风险：购买力风险，又称为通货膨胀风险，是指作为基金利润主要分配形式的现金，可能由于通货膨胀等因素的影响而导致购买力下降，降低基金实际收益，使投资者收益率降低的风险。

➤ 政策风险：政策风险是指因宏观政策的变化导致的对基金收益的影响。政策风险的管理主要在于对国家宏观政策的把握与预测。宏观政策包括财政政策、产业政策、货币政策等，都会对金融市场造成影响，进而影响基金的收益水平。

◎　市场风险管理的主要措施

➤ 密切关注行业的周期性、市场竞争、价格、政策环境和个股的基本面变化，构造股票投资组合，分散非系统性风险。应特别加强对投资证券的管理，对于市场风险较大的证券，应建立内部监督机制、快速评估机制和定期跟踪机制。

➢ 密切关注重大市场行动、宏观经济指标和趋势、重大经济政策动向，评估宏观因素变化可能给投资带来的系统性风险，定期监测投资组合的风险控制指标，提出应对策略。

➢ 可运用情景分析和压力测试技术，评估投资组合对大幅和极端市场波动的承受能力。可运用定量风险模型和优化技术，分析各投资组合市场风险的来源和暴露。可利用敏感性分析，找出影响投资组合收益的关键因素。

➢ 关注投资组合的风险调整后收益，可以采用特雷诺比率、夏普比率和詹森比率等指标衡量。

➢ 加强对场外交易（包括品种、交易量、价格、对手、其他交易条件）的监控，确保所有交易在公司的管理范围之内。

➢ 加强对重大投资的监测，对基金重仓股、单日个股交易量占该股票持仓显著比例、个股交易量占该股流通值显著比例等进行跟踪分析。

✎ **一鸣证书教研组考点分析：**
理解投资交易过程中风险的概念和管理方法。本考点中的信用风险、流动性风险、市场风险的概念及管理措施都是常出考点，需重点把握，特别注意区分三种风险的管理措施。

【典型例题 34】
单选：因宏观政治、经济、社会等因素对证券价格所造成的影响而面临的风险是（　　）。
A. 操作风险　　　　　B. 市场风险
C. 流动性风险　　　　D. 信用风险
【答案】B
【解析】 市场风险是指基金投资行为受到宏观政治、经济、社会等环境因素对证券价格所造成的影响而面临的风险。

☞ **【考点 35】风险价值与预期损失**（考点难度：中）

1. 风险价值

◎ 风险价值（VaR），亦称为风险收益、在险价值、风险报酬，是指在给定的时间区间内和给定的置信水平下，利率、汇率等市场风险要素发生变化时，投资组合所面临的潜在最大损失。

◎　风险价值的应用

➤　由于风险价值随时间变化而变化，时间区间越长，投资组合和市场状况越难以保持相对稳定。因此，风险价值的考察区间很短，通常是一天、一周或者几周。

➤　风险价值已成为计量市场风险的主要指标。

◎　风险价值的估算方法

➤　历史模拟法：历史模拟法假设市场未来的变化方向与市场的历史发展状况大致相同，其依据风险因子收益的近期历史数据的估算，模拟出未来的风险因子收益变化。利用历史模拟法可以根据历史样本分布求出风险价值，利用组合中投资工具收益的历史数据求得组合收益的数据。由于历史模拟法是以发生过的数据为依据的，投资者容易接受该种方法对未来的预测。

➤　蒙特卡洛模拟法：蒙特卡洛模拟法在估算之前，需要有风险因子的概率分布模型，继而重复模拟风险因子变动的过程。蒙特卡洛模拟法虽然计算量比较大，但这种方法被认为是最精准的计算风险价值的方法。

➤　参数法：参数法也称为方差-协方差法，该方法假设以投资组合中的金融工具是基本风险因子的现行组合，且风险因子收益率服从某特定类型的概率分布，依据历史数据计算出风险因子收益率分布的参数值，如均值、方差和风险因子间的相关系数等。

2. 预期损失

◎　预期损失（ES），又称为条件风险价值度或条件尾部期望或尾部损失，是指在给定时间区间和置信区间内，投资组合损失的期望值。

◎　预期损失的应用：预期损失由于在次可加性、尾部风险度量等方面具有优势，越来越受到金融行业与监管机构的重视。

✎　**一鸣证书教研组考点分析：**

理解风险价值（VaR）与预期损失（ES）的概念、应用和局限性。本考点主要考查风险价值与预测损失两种风险指标，其中风险价值的概念、估值方法考得比较多。

【典型例题 35】

单选：（　　）已成为计量市场风险的主要指标。

A. 下行风险　　B. 风险敞口　　C. 贝塔系数　　D. 风险价值

【答案】D

【解析】风险价值已成为计量市场风险的主要指标。

☞【考点36】股票基金的风险管理（考点难度：中）

1. 股票基金的风险

◎　相对于混合基金、债券基金与货币基金，股票基金的预期收益与风险最高。

◎　股票基金面临的风险主要是非系统性和系统性风险。

◎　股票基金通过分散投资可以大大降低个股投资的非系统性风险，可以设置个股最高比例来控制个股风险，实现风险分散化。

2. 反映股票基金风险的指标

◎　通常用来反映股票基金风险的指标有贝塔系数、标准差、行业投资集中度、持股集中度、持股数量等。

◎　基金净值增长率的波动程度可以用标准差来计量，并通常按月计算。净值增长率波动程度越大，基金的风险就越高。

➤　净值增长率服从正态分布时，可以期望 2/3（约 67%）的情况下，净值增长率会落入平均值正负 1 个标准差的范围内。

➤　95% 的情况下基金净值增长率会落在正负 2 个标准差的范围内。

◎　一只股票基金面临的市场风险的大小一般可以用贝塔（β）系数的大小衡量。

➤　如果股票指数上涨或下跌 1%，某基金的净值增长率上涨或下跌 1%，那么该基金的贝塔系数为 1，说明该基金净值的变化与指数的变化幅度相当。

➤　如果某基金的贝塔系数大于 1，说明该基金是一只活跃或激进型基金。

➤　如果某基金的贝塔系数小于 1，说明该基金是一只稳定或防御型基金。

◎　前十大重仓股占比是衡量持股集中度的常用指标。

➤　前十大重仓股占比＝前十大重仓股投资市值/基金股票投资总市值×100%。

◎　类似的，可计算基金在前三大行业或前五大行业的行业投资集中度。持股数量越多，基金的投资风险越分散，所面临的个股风险越低。

◎ 基金股票换手率通过对基金买卖股票频率的衡量，反映基金的操作策略。通常它可以用基金股票交易量的一半与基金平均净资产之比来衡量。

➤ 基金股票换手率＝（期间基金股票交易量/2）/期间基金平均净资产

◎ 高周转率的基金倾向于对股票的频繁买入与卖出，低周转率的基金则倾向于对股票的长期持有。

◎ 如果一只股票基金的年周转率为100%，意味着该基金持有股票的平均时间为1年。

> ✐ **一鸣证书教研组考点分析：**
> 掌握股票型基金的风险管理方法。本考点的重点是掌握反映股票基金风险的几个指标。

【典型例题36】

单选：一只基金的月平均净值增长率为4%，标准差为5%，在标准正态分布下，该基金月度净值增长率处于−1%～9%的可能性是（　　）。

A. 80%　　　　　B. 97%　　　　　C. 95%　　　　　D. 67%

【答案】D

【解析】基金净值增长率的波动程度可以用标准差来计量，并通常按月计算。在净值增长率服从正态分布时，可以期望2/3（约67%）的情况下，净值增长率会落入平均值正负1个标准差的范围内；95%的情况下基金净值增长率会落在正负2个标准差的范围内。本题中用净值增长率4%加减1个标准差，即（4%−5%，4%+5%）落在−1%～9%之间，故可能性为67%。

☞**【考点37】债券基金的风险管理**（考点难度：中）

1. 债券基金的概念

◎ 债券基金指的是基金资产80%以上投资于债券的基金。

◎ 债券基金的投资对象主要有国债、可转债、企业债等，由于债券收益波动较小，所以债券基金具有风险低、收益低的特点。

2. 债券基金的风险分析

◎ 利率风险

➤ 债券的价格与市场利率呈反方向变动，市场利率下跌时，债券价格通常会上涨；市场利率上升时，大部分债券价格会下降。因此，债券投资存在因利率上升或下跌所导致债券价格下跌或上涨的风险。

➤ 债券基金久期越长，净值随利率的波动幅度就越大，所承担的利率风险就越高。通常用久期乘以利率变化来衡量利率变动对债券基金净值的影响。

➤ 债券基金通常以组合已有债券作为抵押品，融资买入更多债券。这个过程也称为加杠杆。杠杆会增大基金对利率变化的敏感度，增加基金的利率风险。

➤ 债券基金通常用质押式回购或买断式回购进行融资，以买入更多债券。债券基金的杠杆率可以超过100%。在目前的法规下，封闭式债券基金的杠杆率上限为200%；开放式债券基金的杠杆率上限为140%；定期开放式债券基金在开放期内的杠杆上限为140%，封闭期的杠杆上限为200%。

➤ 防范利率风险的措施是分散债券的期限，长短期配合。

◎ 信用风险：信用风险主要指交易契约的一方无法履行义务的风险。主要包括以下两种。

➤ 交易对手信用风险，主要指交易对手未能履行约定契约中的义务而造成经济损失的风险。针对交易对手的信用风险，主要的监控指标和管理方式包括：控制交易对手集中度和组合流动性，交易对手限额管理，定期评估交易对手的信用资质，根据组合实际情况合理配置资产的投资期限和比例等。

➤ 债券信用风险，主要是指发行债券的借款人可能因发生财务危机等因素，不能按期支付契约约定的债券利息或偿还本金，而使投资者蒙受损失。针对债券信用风险，常用的监控指标主要包括：基金所持债券的平均信用等级，各信用等级债的占比，单个债券或发行人特定的信用风险。

◎ 流动性风险

➤ 流动性风险指所购买的债券由于市场交易量少，而发生变现困难、流通不易而导致的风险。

➤ 高等级信用债的流动性一般优于低等级信用债，公开募集债券的流动性优于私募发行的债券，政策性金融债、国债的流动性通常高于公司债、企业债。

➤ 衡量债券基金流动性风险的指标，包括现金比例、短期可变现资产比例、持仓集中度、流动受限资产比例、可流通股票资产变现天数、区间可变现资产比例等。

➤　投资者为防范流动性风险可以采取的措施包括：尽量选择交易活跃的债券，便于以较小的成本变现；合理安排投资组合，避免债券到期日或者存款到期日过于集中，适度控制存量，适时调节增量；除此之外，还应准备一定的现金以备不时之需。

◎　再投资风险

➤　再投资风险是指债券持有者到期时收到的本息、在持有期间收到的利息收入、出售时得到的资本收益等，用于再投资所能实现的报酬，可能会低于当初购买该债券时的收益率。

➤　防范再投资风险的措施是分散债券的期限，长短期配合，也就是说，要分散投资以分散风险，并使一些风险能够相互抵消。

◎　可转债的特定风险

➤　可转债投资的风险包括：持有者要承担股价波动的风险；提前赎回风险；转换风险；当基准股票市价下跌到转股价格以下时，持有者被迫转为债券投资者，因为转股会带来更大的损失；可转债利率一般低于同等级的普通债券，会给投资者带来利息损失风险。

◎　债券回购风险

➤　从交易发起人的角度出发，进行债券逆回购是指主动借出资金，获取债券质押的交易。

➤　进行债券正回购是指抵押出债券，借入资金的交易。资金融入方的目的在于获得资金的使用权，而资金融出方的目的在于获得利息收入。

➤　防范债券回购风险的措施包括：建立健全逆回购交易质押品管理制度，根据质押品资质审慎确定质押率水平；质押品按公允价值应足额，并持续监测质押品的风险状况与价值变动；在进行逆回购交易时，严格规范可接受质押品的资质。

◎　提前赎回风险：是指对于含有提前赎回条款的公司债，发行公司可能在市场利率大幅下降时行使提前赎回权在到期日前赎回债券，从而使投资者因提前赎回导致的利息损失和降低再投资回报的风险。

✎　一鸣证书教研组考点分析：

掌握债券型基金的风险管理方法。本考点中债券基金的各风险类型中利率风险和信用风险是重点考查内容。

【典型例题37】

单选：债券基金久期越长，净值随利率的波动幅度就越大，所承担的利率风险就（　　）。

A. 越低　　　　　B. 越高　　　　　C. 不确定　　　　　D. 不变

【答案】B

【解析】债券基金久期越长，净值随利率的波动幅度就越大，所承担的利率风险就越高。

☞ **【考点38】货币市场基金的风险管理**（考点难度：中）

1. 衡量货币市场基金的风险指标

◎　投资组合平均剩余期限和平均剩余存续期

➤　投资组合平均剩余期限和平均存续期越短，货币市场基金的流动性越好，利率风险越低。

➤　货币市场基金投资组合的平均剩余期限不得超过120天，平均剩余存续期不得超过240天。

◎　融资回购比例

➤　除非发生巨额赎回，连续3个交易日累计赎回20%以上或者连续5个交易日累计赎回30%以上的情形外，货币市场基金债券正回购的资金余额不得超过净资产的20%。因此，货币市场基金的杠杆风险通常低于债券基金。

◎　浮动利率债券投资情况

➤　货币市场基金可以投资剩余期限小于397天，但剩余存续期超过397天的浮动利率债券。

➤　目前可参考的基准利率有一年定存利率、SHIBOR和回购利率。

◎　投资对象的信用评级

➤　货币市场基金投资于主体信用评级低于AAA的机构发行的金融工具占基金资产净值的比例合计不得超过10%，其中单一机构发行的金融工具占基金资产净值的比例合计不得超过2%。

➤　货币市场基金拟投资于主体信用评级低于AA+的商业银行存款与同业存单的，应当经基金管理人董事会审议批准，相关交易应当事先征得基金托管人的同意，并作为重大事项履行信息披露程序。

2. 货币市场基金的估值方法

◎　摊余成本法：通常采用的估值方法。

◎　影子定价法

☞ **一鸣证书教研组考点分析：**

掌握货币市场基金的风险管理方法。本考点主要考查衡量货币市场基金的风险指标。

【典型例题 38】

单选：关于货币市场基金，下列说法错误的是（　　　）。

Ⅰ. 通常采用影子定价法进行估值核算

Ⅱ. 浮动利率债券可以参考回购利率作为基准利率

Ⅲ. 货币市场基金的杠杆风险通常比债券基金高

Ⅳ. 货币市场基金可以投资剩余存续期小于 397 天，但剩余期限超过 397 天的浮动利率债券

A. Ⅱ、Ⅲ、Ⅳ　　　　　　　B. Ⅲ、Ⅳ

C. Ⅰ、Ⅲ、Ⅳ　　　　　　　D. Ⅰ、Ⅱ、Ⅲ、Ⅳ

【答案】 C

【解析】 货币市场基金通常采用摊余成本法进行估值核算，故Ⅰ错误。货币市场基金的杠杆风险通常比债券基金低，故Ⅲ错误。货币市场基金可以投资剩余期限小于 397 天，但剩余存续期超过 397 天的浮动利率债券，故Ⅳ错误。

第五节　基金业绩收益、投资交易和结算

☞ **【考点 39】基金业绩评价概述**（考点难度：中）

1. 基金业绩评价的概念

◎　基金业绩评价是指基金评价机构或评价人对基金的投资收益和风险及基金管理人的管理能力开展评级、评奖或单一指标排名等。

2. 基金业绩评价的目的

◎　对于基金投资者而言

➢　通过基金业绩评价，投资者可以辨识具有投资管理能力的基金经理。

➢　通过跟踪基金策略理性选择与其投资目标相适应、反映相应投资管理能力的基金进行投资。

◎　对于基金管理人而言

> 信息披露或者品牌宣传等外部需求。

> 基金业绩评价有助于基金公司更好地量化分析基金经理的业绩水平，为投资目标匹配、投资计划实施与内部绩效考核提供参考。

3. 基金业绩评价的原则

◎ 长期性原则：基金业绩评价应注重对基金的长期评价，基金评价的目的不仅是对基金经理专业能力和投资水平进行评价，也为未来的投资提供参考信息。

◎ 可比性原则：基金业绩评价应将同类基金的风险收益交换效率进行比较，或者对同等风险（同等收益）的基金收益率（风险）进行比较。

◎ 客观性原则：基金业绩评价应公平对待所有评价对象，具有确定、一致的评价标准、评价方法体系和评价程序，评价过程和评价结果应客观准确。

4. 投资业绩评价应考虑的因素

◎ 时间区间：基金业绩评价时需要考虑时间区间，因为不同基金在不同时间区间内的收益、风险不具有可比性，同一基金在不同时间区间内的表现可能有很大差距。

◎ 基金管理规模：规模较大的基金可以有效地减少非系统性风险。但是基金规模过大，对可选择的投资对象、被投资股票的流动性等都有不利影响。同时，基金存在一些固定成本，如研究费用和信息获得费用等。与小规模基金相比，规模较大的基金的平均成本更低。

◎ 综合考虑风险和收益：基金业绩评价重在评价基金投资风险管理的能力，即基金产生风险调整后的超额收益的能力。风险调整后的超额收益有正负之分，基金产生正的风险调整后超额收益的能力是反映基金投资管理能力最重要的指标，正的风险调整后的超额收益也是主动管理型基金，为投资者创造经济效益的终极体现。

✎ **一鸣证书教研组考点分析：**

掌握投资业绩评价的目的、原则和应该考虑的因素。本考点的重点是基金业绩评价的三个原则及基金业绩评价应该考虑的三个因素。

【典型例题39】

单选：关于基金业绩评价原则，以下表述错误的是（   ）。

A. 基金评价的目的不仅是对基金经理专业能力和投资水平进行评价，也是为未来的投资提供参考信息

B. 基金业绩评价应公平对待所有评价对象

C. 基金业绩评价应将同类基金的风险收益交换效率进行比较

D. 基金业绩评价应遵循及时性原则，注重基金的短期表现

【答案】D

【解析】基金业绩评价应注重对基金的长期评价，基金评价的目的不仅是对基金经理专业能力和投资水平进行评价，也为未来的投资提供参考信息，而两者都是以基金业绩具备持续性为前提的，这就需要基金业绩评价能够尽量区分投资管理的运气和能力，因为只有能力驱动的业绩才是可持续的，基金业绩评价只有坚持长期性原则，才能真正着眼于基金长期投资管理能力的持续性。

☞ 【考点40】风险调整后收益（考点难度：中）

1. 夏普比率

◎ 夏普比率（Sp）是诺贝尔经济学奖得主威廉·夏普于 1966 年根据资本资产定价模型（CAPM）提出的经风险调整的业绩测度指标。此比率是用某一时期内投资组合平均超额收益除以这个时期收益的标准差。

◎ 计算公式为：$S_P = \dfrac{\overline{R_p} - \overline{R_f}}{\sigma_p}$，其中，$S_P$ 表示夏普比率；$\overline{R_p}$ 表示基金的平均收益率；$\overline{R_f}$ 表示平均无风险收益率；σ_p 表示基金收益率的标准差。

◎ 由于分母使用的是基金收益率的标准差，可知夏普比率是经总风险调整后的收益指标，夏普比率数值越大，表示单位总风险下超额收益率越高。

2. 特雷诺比率

◎ 特雷诺比率（T_p）来源于 CAPM 理论，表示的是单位系统性风险下的超额收益率。

◎ 计算公式表示为：$T_p = \dfrac{\overline{R_p} - \overline{R_f}}{\beta_p}$，其中 T_p 表示特雷诺比率；$\overline{R_p}$ 表示基金的平均收益率；$\overline{R_f}$ 表示平均无风险收益率；β_p 表示系统风险。

◎ 特雷诺比率与夏普比率相似，均假定风险与收益之间呈线性关系，两者的区别在于特雷诺比率使用的是系统性风险，而夏普比率则对总体风险进行衡量。对于一个充分分散化的基金组合，其总体风险等于系统性风险，特雷诺比率等于夏普比率。

3. 詹森 α

◎ 詹森 α 同样也是在 CAPM 基础上发展出的一个风险调整后收益

指标。它衡量的是基金组合收益中超过 CAPM 模型预测值的那一部分超额收益。计算公式为：

$$\alpha_p = (\overline{R_p} - \overline{R_f}) - \beta_p(\overline{R_M} - \overline{R_f}) = \overline{R_p} - [\overline{R_f} + \beta_p(\overline{R_M} - \overline{R_f})]$$

其中，$\overline{R_M}$ 表示市场平均收益率，$\overline{R_p}$ 表示基金的平均收益率；$\overline{R_f}$ 表示平均无风险收益率，β_p 表示系统风险。

◎ $\alpha_p = 0$，说明基金组合的收益率与处于相同风险水平的市场指数的收益率不存在显著差异。

◎ $\alpha_p > 0$，说明基金表现要优于市场指数表现。

◎ $\alpha_p < 0$，说明基金表现要弱于市场指数表现。

4. 信息比率与跟踪误差

◎ 信息比率（IR）计算公式与夏普比率类似，但引入了业绩比较基准的因素，因此是对相对收益率进行风险调整的分析指标。计算公式为：

$$IR = \frac{\overline{R_p} - \overline{R_b}}{\sigma_{p-b}}$$

其中，$\overline{R_p}$ 表示投资组合平均收益率；$\overline{R_b}$ 表示业绩比较基准平均收益率，两者之差即为超额收益；σ_{p-b} 表示跟踪误差。

◎ 信息比率是单位跟踪误差所对应的超额收益。信息比率越大，说明该基金在同样的跟踪误差水平上能获得更大的超额收益，或者在同样的超额收益水平下跟踪误差更小。

5. 基金业绩评价的基准组合

◎ 实际操作中一般根据投资范围和投资目标选取基准指数，可以是全市场指数、风格指数，也可以是由不同指数复合而成的复合指数。如果一个基金的目标是投资特定市场或特定行业，就可以选取该市场或行业指数。此外，也可以选取几个指数的组合作为一个基金的业绩比较基准，混合型基金经常选取这样的业绩比较基准。

✏ **一鸣证书教研组考点分析：**
掌握风险调整后收益的主要指标的定义、计算方法和应用。本考点的重点是特雷诺比率和夏普比率的计算，经常以计算题的形式出现。

【典型例题 40】
单选：（ ）与（ ）相似，均假定风险与收益之间呈线性关系，两者的区别在于前者使用的是系统性风险，而后者则对总体风险进行了衡量。

A. 特雷诺比率，信息比率   B. 詹森 α，信息比率

C. 特雷诺比率，夏普比率   D. 夏普比率，詹森 α

【答案】C

【解析】特雷诺比率与夏普比率相似，均假定风险与收益之间呈线性关系，两者的区别在于特雷诺比率使用的是系统性风险，而夏普比率则对总体风险进行了衡量。

☞【考点 41】基金业绩归因（考点难度：中）

1. 绝对收益归因

◎ 在绝对收益归因中，我们考察在特定区间内，每个证券和每个行业如何贡献到组合的整体收益。假设在考察区间内没有交易行为，每个证券的贡献为自身的收益率乘以其初始权重，即：

$$C_i = \frac{BMV_i}{\sum_{i=1}^{n} BMV_i} \times R_i$$

式中，BMV 是证券期初市场价格；R 为区间收益率；C 为收益贡献；i 表示单个收益贡献因素；n 为贡献因素总数量。

◎ 绝对收益归因提供了一个考察行业和证券收益的直观方式。

2. 相对收益归因

◎ 对于追求相对收益的基金，管理人和投资者需要关心基金是如何跑赢或跑输其业绩比较基准的，这时就需要用到相对收益归因。

◎ 股票投资经理在考虑如何战胜指数时，可以进行各种不同的资产配置或挑选不同的证券。资产配置效应是指把资金配置在特定的行业或其他投资组合子集带来的超额收益，而选择效应则是挑选证券带来的超额收益。

◎ 对股票投资组合进行相对收益归因分析，最常用的是 Brinson 模型。

◎ Brinson 模型分为两种：Brinson-Hood-Beebower（BHB）模型和 Brinson-Fachler（BF）模型。

✍ 一鸣证书教研组考点分析：

　　理解绝对收益归因和相对收益归因的区别。本考点中相对业绩归因的考查频率较高，主要考查相对收益归因的常用模型及资产配置效应、证券选择效应。

【典型例题 41】

单选：对于股票型基金进行相对收益归因分析，比较常用的业绩归因方法是（　　）。

A. 资产配置　　　　　　B. Brinson 模型

C. 行业选择　　　　　　D. 证券选择

【答案】 B

【解析】对股票投资组合进行相对收益归因分析，最常用的是 Brinson 模型。

☞ 【考点 42】场内证券交易市场和结算机构（考点难度：中）

1. 场内证券交易市场（证券交易所）

◎　场内证券交易的场所即证券交易所，在指在证券交易所内按一定的时间、一定的规则集中买卖已发行证券而形成的市场。

◎　证券交易所是为证券集中交易提供场所和设施，组织和监督证券交易，实行自律管理的法人。证券交易所的设立和解散，由国务院决定。证券交易所作为进行证券交易的场所，本身不持有证券，也不进行证券的买卖，更不能决定证券交易的价格。

◎　证券交易所的组织形式有公司制和会员制两种。我国上海证券交易所和深圳证券交易所都采用会员制，设会员大会、理事会和专门委员会。理事会是证券交易所的决策机构，理事会下面可以设立其他专门委员会。证券交易所设总经理，负责日常事务。总经理由国务院证券监督管理机构任免。

2. 证券登记结算机构

◎　证券登记结算机构是为证券交易提供集中登记、存管与结算服务，不以营利为目的的法人。设立证券登记结算机构必须经国务院证券监督管理机构批准。

◎　证券登记结算机构为证券市场提供安全、高效的证券登记结算服务，为保证业务的正常运行，它采取的措施包括：

➤　制定完善的风险防范机制和内部控制制度。

➤　建立完善的技术系统，制定由结算参与人共同遵守的技术标准和规范。

➤　建立完善的结算参与人准入标准和风险评估体系。

➤　对结算数据和技术系统进行备份，制定业务紧急应变程序和操作流程。

◎　防范证券结算风险，我国还设立了证券结算风险基金，用于垫付或弥补因违约交收、技术故障、操作失误、不可抗力等造成的证券登记结算机构的损失。

◎　中国证券登记结算有限责任公司（简称中国结算公司）是我国证券登记结算机构，该公司在上海和深圳两地各设一家分公司。

✏　**一鸣证书教研组考点分析：**

理解证券投资基金场内证券交易市场和结算机构。本考点的重点是证券交易所和证券登记结算机构的性质及作用。

【典型例题 42】

单选：为防范证券结算风险，我国还设立（　　），用于垫付或弥补因违约交收、技术故障、不可抗力等造成的证券登记结算机构的损失。

A. 风险控制部门　　　　　　B. 证券交易风险基金

C. 证券登记风险基金　　　　D. 证券结算风险基金

【答案】 D

【解析】 为防范证券结算风险，我国还设立证券结算风险基金，用于垫付或弥补因违约交收、技术故障、不可抗力等造成的证券登记结算机构的损失。

☞**【考点 43】场内证券结算的原则与方式**（考点难度：中）

1. 场内证券结算的原则

◎　法人结算原则

➢　证券登记结算机构以结算参与机构为单位办理证券资金的结算，即清算与交收。结算参与机构应以法人名义直接在证券登记结算机构开立结算账户，用于办理相关的结算业务。

➢　根据中国结算公司上海分公司的规定，结算参与人在中国结算公司上海分公司开立的结算资金账户包括五大类：担保交收账户、非担保交收账户、基金账户、结算保证金账户和价差保证金账户。

◎　共同对手方制度

➢　共同对手方（CCP）是指在结算过程中，同时作为所有买方和卖方的交收对手并保证交收顺利完成的主体，一般由结算机构充当。

➢　对于我国证券交易所市场实行多边净额清算的证券交易，证券登记结算机构（即中国结算公司）是承担相应交易交收责任的所有结算参与人的共同对手方。

◎ 货银对付原则

➢ 货银对付原则（DVP）又称为款券两讫或钱货两清。货银对付是指证券登记结算机构与结算参与人在交收过程中，当且仅当资金交付时给付证券，证券交付时给付资金。通俗的说，就是"一手交钱，一手交货"。

➢ 货银对付通过实现资金和证券的同时划转，可以有效规避结算参与人交收违约带来的风险，大大提高证券交易的安全性。

◎ 分级结算原则：证券登记结算机构作为共同对手方提供多边净额结算服务时，证券登记结算机构负责与结算参与人之间的集中清算交收，结算参与人负责与客户之间的证券和资金的清算交收。

2. 场内证券结算的方式

◎ 净额结算与全额结算（见表1-10）

表1-10 净额结算与全额结算要点

两种方式	要点
净额结算方式	净额结算又称为差额清算，是指在一个清算期内，对每个结算参与人价款的清算只计其各笔应收、应付款项相抵后的净额，对证券的清算只计每一种证券应收、应付相抵后的净额 ① 双边净额结算：双边净额结算指将结算参与人相对于另一个交收对手方的证券和资金的应收、应付额加以轧抵，得出该结算参与人相对于另一个交收对手方的证券和资金的应收、应付净额 ② 多边净额结算：多边净额结算是指将结算参与人所有达成交易的应收、应付证券或资金予以充抵轧差，计算出该结算参与人相对于所有交收对手方累计的应收、应付证券或资金净额
全额结算方式	逐笔全额结算是指证券登记结算机构对每笔证券交易均独立结算，同一结算参与人应收资金（证券）和应付资金（证券）不轧差处理

✍ **一鸣证书教研组考点分析：**

掌握场内证券结算的原则与方式。本考点的重点是理解并区分每种结算原则与方式的概念。

【典型例题 43】

单选：目前我国证券交易的所有结算参与人的共同对手方是(　　)。

A. 中国证券业协会　　　　　B. 证券交易所

C. 国务院管理部门　　　　　D. 中国结算公司

【答案】D

【解析】对于我国证券交易所市场实行多边净额清算的证券交易，证券登记结算机构（即中国结算公司）是承担相应交易交收责任的所有结算参与人的共同对手方。

☞【考点 44】场内交易与结算涉及的费用（考点难度：中）

1. 佣金

◎　佣金是投资者在委托买卖证券成交后按成交金额的一定比例支付的费用，是证券经纪商为客户提供证券代理买卖服务收取的费用。

◎　证券经纪商向客户收取的佣金（包括代收的证券交易监管费和证券交易所手续费等）不得高于证券交易金额的 3‰，也不得低于代收的证券交易监管费和证券交易所手续费等。

◎　A 股、证券投资基金每笔交易佣金不足 5 元的，按 5 元收取；B 股每笔交易佣金不足 1 美元或 5 港元的，按 1 美元或 5 港元收取。

2. 过户费

◎　过户费是委托买卖的股票、基金成交后，买卖双方为变更证券登记所支付的费用。过户费属于中国结算公司的收入，由证券经纪商在同投资者清算交收时代为扣收。

◎　上海证券交易所和深圳证券交易所 A 股过户费均按照成交金额的 0.02‰ 向买卖双方投资者分别收取。对于优先股交易的登记过户费，上海市场和深圳市场均按照普通股下调 20%（即 0.016‰），向买卖双方投资者分别收取。

◎　对于 B 股，虽然没有过户费，但中国结算公司要收取结算费。在上海证券交易所，结算费是成交金额的 0.5‰；在深圳证券交易所，结算费是成交金额的 0.5‰，但最高不超过 500 港元。

3. 印花税

◎　印花税是指在 A 股和 B 股成交后，对买卖双方投资者按照规定的税率分别征收的税金。我国税收制度规定，股票成交后，国家税务机关应向成交双方分别收取印花税。

◎　2008 年 9 月 19 日，证券交易印花税只对出让方按 1‰ 征收，对受让方不再征收。

【典型例题 44】

单选：证券经纪商向客户收取的佣金（包括代收的证券交易监管费和证券交易所手续费）不得高于证券交易金额的（　　）。

A. 4‰　　　　　　B. 1.5‰　　　　　　C. 2.5‰　　　　　　D. 3‰

【答案】D

【解析】证券经纪商向客户收取的佣金（包括代收的证券交易监管费和证券交易所手续费）不得高于证券交易金额的3‰，也不得低于代收的证券交易监管费和证券交易所手续费等。

☞【考点 45】银行间债券市场的交易制度（考点难度：中）

1. 公开市场一级交易商制度

◎　公开市场一级交易商制度，是指中国人民银行根据规定遴选符合条件的债券二级市场参与者作为中国人民银行的对手方，与之进行债券交易，从而配合中国人民银行货币政策目标的实现。

2. 做市商制度

◎　做市商制度是指在债券市场上，由具有一定实力和信誉的市场参与者作为特许交易商，不断向投资者报出某些特定债券的买卖价格，双向报价并在该价位上接受投资者的买卖要求，以其自有资金和债券与投资者进行交易的制度。

3. 结算代理制度

◎　结算代理制度是指经中国人民银行批准可以开展结算代理业务的金融机构法人，受市场其他参与者的委托，为其办理债券结算业务的制度。

【典型例题 45】

单选：下列选项中，不属于银行间债券市场交易制度的是（　　）。

A. 公开市场一级交易商制度　　　　B. 盯市制度

C. 结算代理制度 　　　　　　　 D. 做市商制度

【答案】B

【解析】银行间债券市场的交易制度有公开市场一级交易商制度、结算代理制度和做市商制度。

☞【考点46】银行间债券市场的交易方式和结算类型（考点难度：中）

1. 银行间债券市场的交易方式

◎ 银行间债券市场的交易以询价方式进行，自主谈判，逐笔成交。

◎ 进行债券交易，应订立书面形式的合同。

◎ 债券回购主协议和上述书面形式的回购合同构成回购交易的完整合同。

2. 银行间债券结算类型

◎ 全额结算和净额结算（见表1–11）

表1–11 全额结算和净额结算要点

分类	要点
全额结算	① 全额结算也称为逐笔结算，是指结算系统对每笔债券交易都单独进行结算，一个买方对应一个卖方，当一方遇券或款不足时，系统不进行部分结算 ② 全额结算的优点在于由于买卖双方是一一对应的，每个市场参与者都可监控自己参与的每一笔交易结算进展情况，从而评估自身对不同对手方的风险暴露；而且由于逐笔全额进行结算，有利于保持交易的稳定和结算的及时性，降低结算本金风险 ③ 全额结算的缺点在于会对频繁交易的做市商有较高的资金要求，其资金负担较大，结算成本较高
净额结算	① 净额结算是指结算系统在设定的时间段内，对市场参与者债券买卖的净差额和资金净差额进行交收 ② 净额结算是要求指定时间段内只有一个结算净额，从而降低了市场参与者的流动性需求、结算成本和相关风险，也提高了市场参与者尤其是做市商投资运用和市场动作的效率 ③ 净额结算实际上是一个交易链，要求指定时间段内所有的结算都顺利进行，如果有某个参与者无法进行结算，则会对其他参与者的结算带来影响，甚至给整个市场带来较大的系统性风险

◎ 实时处理交收和批量处理交收（见表1-12）

表1-12 实时处理交收和批量处理交收要点

分类	要点
实时处理交收	实时处理交收是指结算系统实时检查参与者券款情况，只要结算所需条件满足，即可进行券款的交收。实时处理交收只能以全额结算方式进行交收
批量处理交收	批量处理交收是将某一时段内满足条件的所有结算集中在一个特定时间段内集中进行处理。批量处理交收一般按每个营业日进行，也有按其他时间段进行的。批量处理交收可以以全额结算或净额结算方式进行交收

✎ **一鸣证书教研组考点分析：**

理解银行间债券市场的交易方式；掌握银行间债券结算类型。本考点中银行间债券结算类型是重点，需掌握全额结算与净额结算、实时处理交收和批量处理交收的区别。

【典型例题46】

单选：（　　）交收是指结算系统实时检查参与者券款情况，只要结算所需条件满足，即可进行券款的交收。

A. 批量处理　　　　　　B. 竞价处理

C. 特定处理　　　　　　D. 实时处理

【答案】D

【解析】实时处理交收是指结算系统实时检查参与者券款情况，只要结算所需条件满足，即可进行券款的交收。

☞【考点47】银行间债券结算方式（考点难度：中）

1. 纯券过户

◎ 纯券过户（FOP）是指交易结算双方只要求债券登记托管结算机构办理债券交割，款项结算自行办理。

◎ 纯券过户是一种交易双方建立在互相了解和信任基础上的结算方式，也是国外发达市场常用的一种结算方式。

◎ 纯券过户的特点是快捷、简便，其本质是资金清算风险由交易双方承担。纯券过户的结算方式对结算双方都存在风险，即对手方可能不如期交券或付款的风险，因此采用此种结算方式应谨慎选择对手方。

2. 见券付款

◎ 见券付款（PAD）是指在结算日收券方通过债券登记托管结算机构得知付券方有履行义务所需的足额债券，即向对方划付款项并予以确认，然后通知债券登记托管结算机构办理债券交割的结算方式。

◎ 见券付款是一种对收券方有利的结算方式，有利于收券方控制风险，但付券方会有一个风险敞口，付券方在选择此方式时应充分考虑对方的信誉情况。采用见券付款方式往往是收券方信用高于付券方。

3. 见款付券

◎ 见款付券（DAP）指付券方确定收到收券方应付款项后予以确认，要求债券登记托管结算机构办理债券交割的结算方式。

◎ 见款付券是一种对付券方有利的结算方式，有利于付券方控制风险，但收券方会有一个风险敞口，该方式在收券方对付券方比较信赖的情况下可以采用。采用见款付券方式往往是付券方信用高于比收券方。

◎ 见款付券和见券付款这两种结算方式都是对一方有利，对另一方不利，双方在履行结算中的权利实际上并不对等，是结算双方信用不对等情况下的一种选择，也是"券款对付"未能实现的情况下的权宜之计。

4. 券款对付

◎ 券款对付（DVP）是指在结算日债券交割与资金支付同步进行并互为约束条件的一种结算方式。

◎ 券款对付的特点是结算双方风险对等，是一种高效率、低风险的结算方式。

◎ 券款对付是国际债券结算行业提倡且较为安全高效的一种结算方式，也是发达债券市场最普遍使用的一种结算方式。目前，银行间债券市场债券结算主要采用券款对付的方式。

> ✎ 一鸣证书教研组考点分析：
> 掌握银行间债券结算方式。本考点主要掌握四种结算方式的特点区分。

【典型例题47】

单选：目前，我国银行间债券交易的结算主要采用（　　）。

A. 见券付款　　　　　B. 纯券过户

C. 见款付券　　　　　D. 券款对付

【答案】D

【解析】目前，银行间债券市场债券结算主要采用券款对付方式。

第六节　基金估值、费用与利润

☞【考点48】基金资产估值概述（考点难度：中）

1. 基金资产估值的概念

◎　基金资产估值：是指通过对基金所拥有的全部资产及全部负债按一定的原则和方法进行估算，进而确定基金资产公允价值的过程。

◎　基金份额净值是计算投资者申购基金份额、赎回资金金额的基础，也是评价基金投资业绩的基础指标之一。

➢　基金资产净值＝基金资产－基金负债

➢　基金份额净值＝基金资产净值/基金总份额

2. 基金资产估值的重要性

◎　对于基金投资者来说，申购者希望以低于实际价值的价格进行申购；赎回者希望以高于实际价值的价格进行赎回。

◎　对于基金的现有持有人，他们希望流入比实际价值更多的资金，流出比实际价值更少的资金。

3. 基金资产估值需要考虑的因素

◎　估值频率

➢　目前，我国的开放式基金于每个交易日估值，并于次日公告基金份额净值。

➢　封闭式基金每周披露一次基金份额净值，但每个交易日也都进行估值。

◎　交易价格及其公允性。

◎　估值方法的公开性及一致性。

4. 基金资产估值的责任主体

◎　我国基金资产估值的责任人是基金管理人，但基金托管人对基金管理人的估值结果负有复核责任。

◎　基金管理人应充分理解相关估值原则及技术，与托管人充分协商，谨慎确定公允价值。

◎　当对估值原则及技术有异议时，托管人有义务要求基金管理公司做出合理解释，通过积极商讨达成一致意见。

✍　一鸣证书教研组考点分析：

　　掌握基金资产估值的概念、重要性、需要考虑的因素、责任主体。本考点的重点是基金资产净值的计算及基金估值责任主体。

【典型例题 48】

单选：基金资产估值是指通过对基金所拥有的（　　）按一定的原则和方法进行重新估算，进而确定基金资产公允价值的过程。

A. 全部资产　　　　　　　　B. 基金份额

C. 负债　　　　　　　　　　D. 全部资产及全部负债

【答案】D

【解析】基金资产估值是指通过对基金所拥有的全部资产及全部负债按一定的原则和方法进行重新估算，进而确定基金资产公允价值的过程。

☞【考点 49】基金资产估值程序及原则（考点难度：中）

1. 基金资产估值程序

◎　基金份额净值按照每个开放日闭市后，基金资产净值除以当日基金份额的余额数量计算。

◎　基金日常估值由基金管理人进行。基金管理人在每个交易日对基金资产估值后，将基金份额净值结果发给基金托管人。

◎　基金托管人按基金合同规定的估值方法、时间、程序对基金管理人的计算结果进行复核，复核无误后签章返回给基金管理人，由基金管理人对外公布，并由基金注册登记机构根据确认的基金份额净值计算申购、赎回数额。

2. 估值的基本原则

◎　对存在活跃市场且能够获取相同资产或负债报价的投资品种，在估值日有报价的，除会计准则规定的例外情况外，应将该报价不加调整地应用于该资产或负债的公允价值计量。估值日无报价且最近交易后未发生影响公允价值计量的重大事件的，应采用最近交易日的报价确定公允价值。有充足证据表明估值日或最近交易日的报价不能真实反映公允价值的，应对报价进行调整，确定公允价值。

◎　对不存在活跃市场的投资品种，应采用在当前情况下适用并且有足够可利用数据和其他信息支持的估值技术确定公允价值。

◎　如经济环境发生重大变化或证券发行人发生影响证券价格的重大事件，使潜在估值调整对前一估值日的基金资产净值的影响在 0.25% 以上的，应对估值进行调整并确定公允价值。

3. 不同投资品种的估值方法

◎　交易所发行未上市品种的估值

➤　首次发行未上市的股票和权证，采用估值技术确定公允价值，在估值技术难以可靠计量公允价值的情况下按成本计量。

➤　送股、配股、转增股和公开增发新股等发行未上市股票，按交易所上市的同一股票的市价估值。

➤　交易所发行未上市或未挂牌转让的债券，在存在活跃市场的情况下，应以活跃市场上未经调整的报价作为计量日的公允价值；活跃市场报价未能代表计量日公允价值的情况下，应对市场报价进行调整以确认计量日的公允价值；对于不存在市场活动或市场活动很少的情况下，则应采用估值技术确定其公允价值。

◎　交易所上市交易的非流通受限品种的估值

➤　交易所上市交易的非流通受限股票和权证以其估值日在证券交易所挂牌的市价进行估值。

➤　交易所上市交易或挂牌转让的不含权固定收益品种，按第三方估值机构提供的相应品种当日的估值净价估值，含权固定收益品种按照第三方估值机构提供的相应品种当日的唯一估值净价或推荐估值净价估值，第三方估值机构提供的估值价格与交易所收盘价存在差异的，若基金管理人认定交易所收盘价更能体现公允价值，应采用收盘价。

➤　交易所上市交易的可转换债券按当日收盘价作为估值全价。

➤　交易所上市的股指期货合约以估值当日结算价进行估值。

➤　交易所上市的不存在活跃市场的有价证券，采用估值技术确定公允价值。

➤　对交易所上市的资产支持证券品种和私募债券，鉴于其交易不活跃，各产品的未来现金流也较难确认，按成本估值。

4. 计价错误的处理、责任承担及基金暂停估值的情形

◎　计价错误的处理及责任承担

➤　当错误达到或超过基金资产净值的 0.25% 时，基金管理人应及时向监管机构报告。

➤　基金管理公司和托管人在进行基金估值、计算或复核基金份额净值的过程中，未能遵循相关法律法规规定或基金合同约定，给基金财产或基金份额持有人造成损失的，应分别对各自行为依法承担赔偿责任。因共同行为给基金财产或基金份额持有人造成损失的，应承担连带赔偿责任。

◎　暂停估值的情形

➤　基金投资所涉及的证券交易所遇法定节假日或因其他原因暂停营业时。

➤　因不可抗力或其他情形致使基金管理人、基金托管人无法准确评估基金资产价值时。

➤　占基金相当比例的投资品种的估值出现重大转变，而基金管理人为保障投资人的利益已决定延迟估值。

➤　如出现基金管理人认为属于紧急事故的任何情况，会导致基金管理人不能出售或评估基金资产的。

➤　中国证监会和基金合同认定的其他情形。

> ✍　一鸣证书教研组考点分析：
> 掌握基金资产估值的估值程序及基本原则。本考点的重点是基金估值的程序、原则，比较难区分的是不同投资品种的估值方法，注意对比区分。

【典型例题 49】

单选：对交易所上市的资产支持证券品种和私募证券，鉴于其交易不活跃，各产品的未来现金流也较难确认，按（　　）估值。

A. 成本　　　　　　　　　B. 市场价格模型法
C. 指数收益法　　　　　　D. 可比公司法

【答案】A

【解析】对交易所上市的资产支持证券品种和私募证券，鉴于其交易不活跃，各产品的未来现金流也较难确认，按成本估值。

☞【考点 50】基金费用（考点难度：中）

1. 基金费用的种类

◎　基金运作过程中涉及的费用

➤　基金销售过程中发生的由基金投资者自己承担的费用，主要包括申购费、赎回费及基金转换费。这些费用直接从投资者申购、赎回或转换的金额中收取。

➤　基金管理过程中发生的费用，主要包括基金管理费、基金托管费、持有人大会费用等。这些费用由基金资产承担。

◎　可以从基金财产中列支的与基金有关的费用

　　➢　基金管理人的管理费。

　　➢　基金托管人的托管费。

　　➢　基金份额持有人大会费用。

　　➢　基金合同生效后的信息披露费用。

　　➢　基金合同生效后的会计师费和律师费。

　　➢　销售服务费。

　　➢　基金的证券交易费用。

　　➢　按照国家有关规定和基金合同约定，可以在基金财产中列支的其他费用。

2. 基金管理费、托管费及销售服务费的计提标准及计提方式

◎　基金管理费、托管费及销售服务费的概念

　　➢　基金管理费：基金管理人管理基金资产而向基金收取的费用。

　　➢　基金托管费：基金托管人为基金提供托管服务而向基金收取的费用。

　　➢　基金销售服务费：是指从基金资产中扣除的用于支付销售机构佣金，以及基金管理人的基金营销广告费、促销活动费、持有人服务费等方面的费用。

◎　基金管理费、托管费及销售服务费的计提方法和支付方式

　　➢　目前，我国的基金管理费、基金托管费及基金销售服务费均是按前一日基金资产净值的一定比例逐日提取，按月支付。计算方法为：$H = (E \times R) /$ 当年实际天数。式中，H 表示每日计提的费用；E 表示前一日的基金资产净值；R 表示年费率。

◎　基金运作费：指为保证基金正常运作而发生的应由基金承担的费用，包括审计费、律师费、分红手续费、持有人大会费、上市年费、开户费、银行汇划手续费等。

◎　基金交易费：指基金在进行证券买卖交易时所发生的相关交易费用。

✐　**一鸣证书教研组考点分析：**

　　了解基金费用的种类；掌握基金管理费、托管费及销售服务费的计提方法和支付方式。本考点的重点是基金管理费、托管费及销售服务费的计提方法和方式，计提方法经常以计算题的方式出现。

【典型例题 50】

单选：关于基金费用，下列说法错误的是（　　）。

A. 基金托管人是基金托管人提供托管服务而向基金收取的费用

B. 基金管理费是基金管理人管理基金资产而向基金收取的费用

C. 目前我国的基金管理费是按前一日基金资产净值的一定比例逐日计提，按月支付

D. 基金销售服务费是向基金管理人收取的，用于支付销售机构佣金的费用

【答案】D

【解析】基金销售服务费是指从基金资产中扣除的用于支付销售机构佣金，以及基金管理人的基金营销广告费、促销活动费、持有人服务费等方面的费用。

☞【考点 51】基金利润及利润分配（考点难度：中）

1. 基金利润来源

◎　利息收入：指的是基金经营活动中因债券投资、资产支持证券投资、银行存款、结算备付金、存出保证金、按买入返售协议融出资金等而实现的利息收入。具体包括债券利息收入、存款利息收入、资产支持证券、利息收入、买入返售金融资产收入等。

◎　投资收益：指的是基金经营活动中因买卖股票、债券、资产支持证券、基金等实现的差价收益，因股票、基金投资等获得的股利收益，以及衍生工具投资产生的相关损益。具体包括股票投资收益、债券投资收益、资产支持证券投资收益、基金投资收益、股利收益、衍生工具收益等。

◎　其他收入：指除上述收入以外的其他各项收入，包括赎回费扣除基本手续费后的余额、手续费返还、ETF 替代损益，以及基金管理人等机构为弥补基金财产损失而付给基金的赔偿款项等。这些收入项目一般根据发生的实际金额确认。

◎　公允价值变动损益：指基金持有的采用公允价值模式计量的交易性金融资产、交易性金融负债等公允价值变动形成的应计入当期损益的利得或损失，并在估值日对基金资产按公允价值估值时予以确认。

2. 与基金利润有关的财务指标

◎　本期利润：指的是基金在一定时期内全部损益的总和，包括记入当期损益的公允价值变动损益。该指标既包括基金已经实现的损益，也包

括未实现的估值增值或减值，是一个能够全面反映基金在一定时期内经营成果的指标。

◎ 本期已实现收益：是指基金本期利息收入、投资收益、其他收入（不含公允价值变动损益）扣除相关费用后的余额，是将本期利润扣除本期公允价值变动损益后的余额，反映基金本期已经实现的损益。

◎ 期末可供分配利润：是指期末可供基金进行利润分配的金额，为期末资产负债表中未分配利润与未分配利润中已实现部分的孰低数。由于基金本期利润包括已实现和未实现两部分，如果期末未分配利润的未实现部分为正数，则期末可供分配利润的金额为期末未分配利润的已实现部分；如果期末未分配利润的未实现部分为负数，则期末可供分配利润的金额为期末未分配利润（已实现部分扣减未实现部分）。

◎ 未分配利润：是基金进行利润分配后的剩余额。未分配利润将转入下期分配。

3. 不同类型基金的利润分配

◎ 封闭式基金的利润分配

➢ 封闭式基金的收益分配，每年不得少于一次。

➢ 封闭式基金年度收益分配比例不得低于基金年度可供分配利润的 90%；基金收益分配后基金份额净值不得低于面值。

➢ 封闭式基金只能采用现金分红。

◎ 开放式基金的利润分配

➢ 在基金合同中约定每年基金利润分配的最多次数和基金利润分配的最低比例。

➢ 基金收益分配后基金份额净值不能低于面值，即基金收益分配基准日的基金份额净值减去每单位基金份额收益分配金额后不能低于面值。

➢ 每一基金份额享有同等分配权。

➢ 开放式基金的分红方式有两种：现金分红方式、分红再投资转换为基金份额。

◎ 货币市场基金的利润分配

➢ 对于每日按照面值进行报价的货币市场基金，可以在基金合同中将收益分配的方式约定为红利再投资，并应当每日进行收益分配。

➢ 货币市场基金每周五进行分配时，将同时分配周六和周日的利润；每周一至周四进行分配时，则仅对当日利润进行分配。对普通的货币市场基金品种，投资者于周五申购或转换转入的基金份额不享有周五和周六、周日的利润，投资者于周五赎回或转换转出的基金份额享有周五和周六、周日的利润。

4. 利润分配对基金份额净值的影响

◎ 基金进行利润分配会导致基金份额净值的下降，不过对投资者的利益没有实际影响。

✎ 一鸣证书教研组考点分析：

掌握基金利润来源及相关财务指标的主要内容；掌握基金分红的不同方式及利润分配对基金份额净值的影响。本考点的重点是基金利润来源的四个方面、不同类型基金利润分配的相关规定。

【典型例题 51】

单选：关于封闭式基金收益分配的说法中，正确的是（ ）。

A. 封闭式基金收益分配比例不得低于基金年度已实现收益的 80%

B. 封闭式基金可以采用现金分红和分红再投资转换为基金份额两种方式

C. 封闭式基金的收益分配，每年只有一次

D. 基金收益分配后基金份额净值不得低于面值

【答案】D

【解析】封闭式基金年度收益分配比例不得低于基金年度可供分配利润的 90%，故 A 错误；封闭式基金只能采用现金分红，故 B 错误；封闭式基金的收益分配，每年不得少于一次，故 C 错误。

第七节 基金国际化

☞【考点 52】合格境内机构投资者（考点难度：中）

1. QDII 的概念

◎ 合格境内机构投资者（QDII）是指经中国证监会批准可在境内募集资金进行境外证券投资的机构。QDII 是在人民币没有实现可自由兑换、资本项目尚未开放的情况下，有限度地允许境内投资者投资境外证券市场的一种过渡性的制度安排。

2. QDII 机制的意义

◎ QDII 机制可以为境内金融资产提供风险分散渠道，并有效分流储蓄，化解金融风险。同时，实行 QDII 制度有利于推动内地证券机构走向国际市场，给有实力的内地券商与基金更大的发展空间和积累国际业务经验的机会，增强自身竞争力。

◎ 实行 QDII 机制有利于引导国内居民通过正常渠道参与境外证券投资，减轻资本非法外逃的压力，将资本流出置于可监控的状态。

◎ 建立 QDII 机制有利于支持香港特区的经济发展。

◎ 在法律方面，通过实施 QDII 制度，必然增加国内对国际金融法律、法规、惯例等规则的关注，从长远来说，能够促进我国金融法律法规与世界金融制度的接轨。

3. 申请 QDII 资格的机构投资者应当符合的条件

◎ 申请人的财务稳健，资信良好，资产管理规模、经营年限等符合中国证监会的规定。

➢ 对基金管理公司而言，净资产不少于 2 亿元人民币，经营证券投资基金管理业务达 2 年以上，在最近一个季度末资产管理规模不少于 200 亿元人民币或等值外汇资产。

➢ 对证券公司而言，各项风险控制指标符合规定标准，净资本不低于 8 亿元人民币，净资本与净资产比例不低于 70%，经营集合资产管理计划业务达 1 年以上，在最近一个季度末资产管理规模不少于 20 亿元人民币或等值外汇资产。

◎ 拥有符合规定的具有境外投资管理相关经验的人员，即具有 3 年以上境外证券市场投资管理相关经验的人员不少于 3 名，具有 5 年以上境外证券市场投资管理经验和相关专业资质的中级以上管理人员不少于 1 名。

◎ 具有健全的治理结构和完善的内控制度，经营行为规范。

◎ 最近 3 年没有受到监管机构的重大处罚，没有重大事项正在接受司法部门、监管机构的立案调查。

◎ 中国证监会根据审慎监管原则规定的其他条件。

4. QDII 可投资于下列金融产品或工具

◎ 银行票据、商业票据、银行存款、可转让存单、银行承兑汇票、回购协议、短期政府债券等货币市场工具。

◎ 政府债券、公司债券、可转换债券、资产支持证券、住房按揭支持证券及经中国证监会认可的国际金融组织发行的证券等。

◎　与中国证监会签署双边监管合作谅解备忘录的国家或地区证券市场挂牌交易的普通股、优先股、全球存托凭证和美国存托凭证、房地产信托凭证。

◎　在已与中国证监会签署双边监管合作谅解备忘录的国家或地区证券监管机构登记注册的公募基金。

◎　与固定收益、股权、信用、商品指数、基金等标的物挂钩的结构性投资产品。

◎　远期合约、互换及经中国证监会认可的境外交易所上市交易的权证、期权、期货等金融衍生产品。

5. QDII 的禁止性行为

◎　购买不动产。

◎　购买房地产抵押按揭。

◎　购买贵重金属或代表贵重金属的凭证。

◎　购买实物商品。

◎　除应付赎回、交易清算等临时用途以外，借入现金。该临时用途借入现金的比例不得超过基金、集合计划资产净值的 10%。

◎　利用融资购买证券，但投资金融衍生品除外。

◎　参与未持有基础资产的卖空交易。

◎　从事证券承销业务。

◎　中国证监会禁止的其他行为。

✎　一鸣证书教研组考点分析：

　　掌握 QDII 的概念、规则。本考点主要需要掌握申请 QDII 资格的条件，以及 QDII 可以投资的范围及禁止性行为。

【典型例题 52】

单选：下列属于 QDII 禁止性行为的是（　　　）。

A. 投资银行存款　　　　B. 期货

C. 投资政府债券　　　　D. 从事证券承销业务

【答案】D

【解析】QDII 基金不得有下列行为：购买不动产；购买房地产抵押按揭；购买贵重金属或代表贵重金属的凭证；购买实物商品；除应付赎回、交易清算等临时用途以外，借入现金。该临时用途借入现金的比例不得超过基金、集合计划资产净值的 10%。利用融资购买证券，但投资金融衍生品除外；参与未持有基础资产的卖空交易；从事证券承销业务；中国证监会禁止的其他行为。

☞ **【考点 53】沪港通、深港通与债券通**（考点难度：中）

1. 沪港通与深港通的概念

◎ 2014 年 4 月 10 日，中国证监会正式批复上海证券交易所和香港联合交易所开展沪港股票市场交易互联互通机制试点，简称沪港通。

◎ 沪港通分为沪股通和港股通两个部分。

➤ 沪股通，就是投资者委托香港经纪商，经由香港联合交易所设立的证券交易服务公司，向上海证券交易所进行申报（买卖盘传递），买卖规定范围内的上海证券交易所上市的股票。

➤ 港股通，就是投资者委托内地证券服务公司，经由上海证券交易所设立的证券交易服务公司，向香港联合交易所进行申报（买卖盘传递），买卖规定范围内的香港联合交易所上市的股票。

2. 深港通

◎ 2016 年 8 月 16 日，中国证监会和香港证监会又共同签署了深港通联合公告，批复了深港通试点。

◎ 深港通参照沪港通，也分为深股通和港股通两部分。

3. 沪港通与深港通开通的意义

◎ 刺激人民币资产需求，加大人民币交投量。沪港通和深港通的双向交易均以人民币作为结算单位。

◎ 推动人民币跨境资本流动。

◎ 构建良好的人民币回流机制。

◎ 完善国内资本市场。

4. 债券通

◎ 2017 年 5 月 16 日，中国人民银行和香港金融管理局联合公告，宣布开展香港与内地债券市场互联互通合作，简称债券通。

◎ 债券通将会遵循"先北后南"的逐步开放格局，即首先开放中国香港与其他国家和地区的境外投资者购买内地债券的"北向通"，再由两地监管当局适时扩展允许内地投资者投资香港债券市场的"南向通"。

◎ 债券通的开通标志着人民币国际化的重要进展，也是中国扩大金融市场，特别是银行间债券市场开放的有力举措。

✎ 一鸣证书教研组考点分析：

　　理解沪港通、深港通和债券通的重要意义。本考点的重点是掌握沪港通与深港通的概念及开通的意义。

【典型例题 53】

单选：沪港通和深港通开通的重要意义表现为（　　　）。

Ⅰ.刺激人民币资产需求，加大人民币交投量

Ⅱ.完善国内资本市场

Ⅲ.构建良好的人民币回流机制

Ⅳ.推动人民币境内资本流动

A．Ⅰ、Ⅱ、Ⅲ　　　　　　　　B．Ⅰ、Ⅱ、Ⅳ

C．Ⅰ、Ⅲ、Ⅳ　　　　　　　　D．Ⅰ、Ⅱ、Ⅲ、Ⅳ

【答案】A

【解析】沪港通和深港通开通的意义：刺激人民币资产需求，加大人民币交投量；推动人民币跨境资本流动；构建良好的人民币回流机制；完善国内资本市场。

第一节　基金投资对象

☞ **【考点1】存托凭证**（考点难度：中）

1. 存托凭证的定义及特点

◎　存托凭证是指在一国证券市场上流通的代表外国公司有价证券的可转让凭证。

◎　一般代表外国公司股票，每张代表不止一股而是许多股股票。

◎　由存券银行保管，托管银行发行。

2. 存托凭证的类型

◎　按地域划分

➢　全球存托凭证：在伦敦证交所和卢森堡证交所进行交易，通常以美元计价。

➢　美国存托凭证：最主要的存托凭证，流通量最大，美元计价，在美国证券市场交易。

◎　按证券发行人是否参与发行分类

➢　无担保存托凭证：不通过发行公司，直接向投资者发行。

➢　有担保存托凭证：由发行公司委托存券银行发行的，发行公司、存券银行、托管银行三方签订协议。

✐　一鸣证书教研组考点分析：

　了解存托凭证的定义、特点和类型。本考点中一般会直接考核存托凭证的概念和特点。

【典型例题1】

单选：关于存托凭证的说法，表述错误的是（　　　）。

A. 全球存托凭证以美元计价　　　　B. 一般代表外国公司股票

C. 美国存托凭证以美元计价　　　D. 每张存托凭证一般代表一股

【答案】D

【解析】存托凭证每张代表不止一股而是许多股股票。

☞【考点2】权证（考点难度：中）

1. 权证的定义

◎ 发行人或第三人发行，在固定期间内，持有人有权按约定价格向发行人购买或出售标的证券，或以现金结算方式收取结算差价的有价证券。

2. 权证的分类

◎ 按照标的资产分类：股权类、债权类、其他权证。

◎ 按基础资产的来源分类

➤ 认股权证：股份公司发行的，行权时上市公司增发新股售予认股权证的持有人。

➤ 备兑权证：持有者认兑的是市场上已流通的股票而非增发的，上市公司股本不变。

◎ 持有人权利性质：认购权证和认沽权证。

◎ 按照行权时间分类

➤ 美式权证：可在权证失效日之前任何交易日行权。

➤ 欧式权证：仅可在失效日当日行权。

➤ 百慕大式权证：可在失效日之前一段规定的时间内行权。

3. 权证的基本要素

◎ 权证的基本要素包括权证类别、标的资产、存续时间、行权价格、行权结算方式（证券给付和现金结算）、行权比例。

✎ 一鸣证书教研组考点分析：

了解权证的定义、分类和基本要素。本考点中考频较高的是权证的分类。

【典型例题2】

单选：下列权证属于按基础资产的来源分类的是（　　）。

A. 认股权证和备兑权证

B. 认购权证和认沽权证

C. 股权类权证和债权类凭证

D. 美式权证、欧式权证和百慕大式权证

【答案】A

【解析】按基础资产的来源分类，权证分为认股权证和备兑权证。

☞【考点3】股票估值方法（考点难度：难）

1. 内在价值法

◎　内在价值法又称为绝对价值法或收益贴现模型，是按照未来现金流的贴现对公司的内在价值进行评估（见表 2-1）。

表 2-1　内在价值法分类

分类	要点
股 利 贴 现 模 型（DDM）	该模型股票现值表达为未来所有股利的贴现值；股利贴现模型分为零增长模型、不变增长模型、三阶段增长模型和多元增长模型
企业自由现金流贴现模型（FCFF）	公司价值等于公司预期现金流按公司资本成本进行折现，将预期的未来自由现金流用加权平均资本成本折现到当前价值来计算公司价值，然后减去债券的价值进而得到股票的价值
股权自由现金流贴现模型（FCFE）	股权自由现金流量是在公司用于投资、营运资金和债务融资成本之后可以被股东利用的现金流，它是公司支付所有固定资产与营运资产投资，以及所得税和净债务后可分配给公司股东的剩余现金流量
经济附加值模型（EVA）	经济附加值等于公司税后净营业利润减去全部资本成本（股本成本与债务成本）后的净值

2. 相对价值法

◎　相对价值法是通过对一家上市公司的市盈率、市净率、市销率、市现率等指标与其竞争者进行对比，以决定该公司价值的方法（见表 2-2）。

表 2-2　相对价值法分类

分类	要点
市盈率模型	市盈率（P/E）＝每股价格/每股收益
市净率模型	市净率（P/B）＝每股市价/每股净资产
市现率模型	市现率（P/CF）＝ $\dfrac{P_t}{CF_{t+1}}$，P_t 为 t 期股票的价格，CF_{t+1} 为公司在 $t+1$ 期的预期每股现金流

续表

分类	要点
市销率模型	① 市销率（P/S）= $\dfrac{P_t}{S_{t+1}}$，P_t 为 t 期股票的价格，S_{t+1} 为公司在 $t+1$ 期的每股销售额 ② 价值导向型的基金经理选择的范围都是市销率小于 1 的股票 ③ 软件行业市销率可高达 2 以上，食品零售商市销率仅为 0.5 左右
企业价值倍数（EV/EBITDA）	① 反映了投资资本的市场价值和未来一年企业收益间的比例关系 ② 企业价值（EV）= 市值+（总负债−总现金）= 市值+净负债 ③ 企业摊销前收益（EBITDA）= 净利润+所得税+利息+折旧+摊销 ④ 企业价值倍数=企业价值/企业摊销前的收益

✎　**一鸣证书教研组考点分析：**

　　理解内在价值法和相对价值法。本考点属于难点。简单的考法是直接区分两种估值方法的分类，容易混淆。比较难的考法是考查具体的一种估值方法，需要理解记忆。

【典型例题 3】

单选：下列估值方法中，不属于内在估值法的是（　　）。

A. 股利贴现模型　　　　　B. 经济附加值模型

C. 企业价值倍数　　　　　D. 自由现金流贴现模型

【答案】C

【解析】企业价值倍数属于相对估值法，注意区分。

☞【考点 4】利率期限结构和债券收益率曲线（考点难度：中）

1. 利率期限结构

◎　利率期限结构是指在某一时点上，各种不同期限债券的收益率和到期期限的关系。这种关系在以期限为横坐标、收益率为纵坐标的直角坐标系上表示出来，就得到收益率曲线。

2. 收益率曲线的类型

◎　上升收益率曲线：正向收益率曲线，其期限结构特征是短期债券收益率较低，而长期债券收益率较高，也是最常见的形态。

◎　反转收益率曲线：其期限结构特征是短期债券收益率较高，而长期债券收益率较低。

◎　水平收益率曲线：其期限结构特征是长短期债券收益率基本相等。

◎　拱形收益率曲线：其期限结构特征是，期限相对较短的债券，利率与期限呈正向关系，而期限相对较长的债券，利率与期限呈反向关系。

✎　一鸣证书教研组考点分析：

　　掌握利率期限结构的概念和应用。本考点的重点是记住四种形态收益率曲线的形态特征。

【典型例题4】

单选：债券收益率曲线最常见的形态是（　　　）。

A. 反转收益率曲线　　　　　B. 上升收益率曲线

C. 水平收益率曲线　　　　　D. 拱形收益率曲线

【答案】B

【解析】上升（正向）收益率曲线是最常见的形态。

☞【考点5】货币市场工具（考点难度：中）

1. 货币市场工具的概念

◎　货币市场工具一般指短期的（1年之内）、具有高流动性的低风险证券，包括银行回购协议、定期存款、商业票据、银行承兑汇票、短期国债、中央银行票据等。

2. 货币市场工具的特点

◎　均是债务契约。

◎　期限在1年以内（含1年）。

◎　流动性高。

◎　大宗交易，主要由机构投资者参与，个人很少有机会参与买卖。

◎　本金安全性高，风险较低。

3. 常见的货币市场工具

◎　银行定期存款（见表2-3）

表2-3　银行定期存款要点

要点	内容
概念	银行与存款人双方在存款时事先约定期限、利率，到期后支取本息的存款，是银行资金的主要来源
特点	①定期存款可以提前支取本金或部分本金，提前支取部分的利息按支取日的活期利率付息 ②定期存款一般有3个月、6个月、1年、2年、3年、5年等期限；一般期限越长，利率越高 ③对投资者来说，定期存款具有期限确定、金额选择余地大、利息收益较稳定等特点

◎ **短期回购协议**（见表 2-4）

表 2-4　短期回购协议要点

要点	内容
概念	① 回购协议是指资金需求方在出售证券的同时与证券的购买方约定在一定期限后按约定价格购回所卖证券的交易行为 ② 证券的出售方为资金借入方，即正回购方 ③ 证券的购买方为资金贷出方，即逆回购方
功能	① 中国人民银行以此为工具进行公开市场操作，方便中央银行投放（收回）基础货币，形成合理的短期利率 ② 为商业银行的流动性和资产结构的管理提供了必要的工具 ③ 各类非银行金融机构可以通过证券回购协议实现套期保值、头寸管理、资产管理、增值等目的
主要类型	按回购期限划分，我国在交易所挂牌的国债回购可以分为 1 天（隔夜回购）、2 天、3 天、4 天、7 天、14 天、28 天、91 天及 182 天。国债回购作为一种短期融资工具，在各国市场中最长期限均不超过 1 年
影响回购协议利率的因素	① 抵押证券的质量 ② 回购期限的长短 ③ 交割的条件 ④ 货币市场其他子市场的利率

◎ **中央银行票据**（见表 2-5）

表 2-5　中央银行票据要点

要点	内容
定义	中央银行票据是由中央银行发行的用于调节商业银行超额准备金的短期债务凭证
特征	中央银行票据市场的参与主体只有中国人民银行及经过特许的商业银行和金融机构
分类	中央银行票据分为普通央行票据和专项央行票据两种

◎ 短期政府债券（见表2-6）

表2-6 短期政府债券要点

要点	内容
定义	短期政府债券，是由一国的政府部门发行并承担到期偿付本息责任的，期限在1年及以内的债务凭证。短期政府债券以贴现形式发行，为无息票债券
特点	违约风险小、流动性强、利息免税

◎ 短期融资券：由商业银行承销并采用无担保的方式发行（信用发行），发行者必须是具有法人资格的企业。

✎ **一鸣证书教研组考点分析：**
掌握常用的货币市场工具的概念和特点。本考点中重点是货币市场工具的特点及常见的各类货币市场工具的特点。

【典型例题5】
单选：下列关于货币市场工具的特点的说法，错误的是（ ）。
A. 有所有权关系，也有债务契约
B. 主要由机构投资者参与
C. 本金安全性高，风险较低
D. 期限在1年以内（含1年）
【答案】A
【解析】货币市场工具均是债务契约。

☞ 【考点6】衍生工具的概念和特点（考点难度：中）

1. 衍生工具的概念

◎ 衍生工具是由另一种基础资产（股票、债券、货币或商品等）构成或衍生而来的交易合约。

◎ 衍生工具的价值取决于一种或多种基础资产，这些基础资产通常被称作合约标的资产。

◎ 合约标的资产可以是股票、债券、货币等金融资产，也可以是黄金、原油等大宗商品或贵金属。

2. 衍生工具的基本要素

◎ 合约标的资产：衍生工具是在合约标的资产基础上创造出来的，

所有的衍生品合约都是以标的资产作为基础的。

◎ 到期日：所有衍生工具都会规定一个合约到期日。

◎ 交易单位：在交易时每一份衍生工具所规定的交易数量。

◎ 交割价格：是未来买卖合约标的资产的价格。

◎ 结算：衍生工具的结算可以按合约规定在到期日或者在到期日之前结算。一些衍生工具在结算时要求实物结算；其他衍生工具允许计算出净现金盈亏，用现金结算。

3. 衍生工具的基本特点

◎ 跨期性：每一种衍生工具都会影响到交易者在未来某一时间的现金流，跨期交易的特点非常明显。

◎ 杠杆性：衍生工具只要支付少量保证金或权利金就可以买入。

◎ 联动性：衍生工具的价值与合约标的资产价值紧密相关。

◎ 不确定性或高风险性：合约标的资产的价格变动会导致衍生工具的价格变动。而且衍生工具通常存在较大的杠杆，会放大风险。

✐ **一鸣证书教研组考点分析：**

　　掌握衍生品合约的概念和特点。本考点的重点在于衍生合约的四个特点及衍生工具结算的两种方式。

【典型例题6】

单选：关于衍生工具结算时采用的方式，说法错误的是（　　）。

A. 一些衍生工具在结算时要求实物交割

B. 一些衍生工具允许计算出现净现金盈亏，用实物结算

C. 一些衍生工具允许计算出现净现金盈亏，用现金结算

D. 衍生工具可以用实物交割，也可以用现金结算

【答案】B

【解析】一些衍生工具在结算时要求实物结算；其他衍生工具允许计算出净现金盈亏，用现金结算。

☞ **【考点7】衍生工具分类**（考点难度：易）

1. 按照合约特点分类

◎ 远期合约：指交易双方约定在未来某一确定的时间，按约定的价格买入或卖出一定数量的某种合约标的资产的合约。远期合约是非标准合约。

◎ 期货合约：指交易双方签署的在未来某个确定的时间按确定的价

格买入或卖出某项合约标的资产的合约。相对于远期合约而言，期货合约是标准化合约。

◎ 期权合约：赋予期权买方在规定期限内按双方约定的价格买入或卖出一定数量的某种金融资产的权利的合同。

◎ 互换合约：指交易双方约定在未来某一时期相互交换某种合约标的资产的合约。

◎ 结构化金融衍生工具：远期合约、期货合约、期权合约与互换合约是四种基本的衍生工具。利用它们的结构化特征，通过相互结合或者与基础金融工具相结合，能够开发和设计出更多具有复杂性的金融衍生工具，这些金融衍生工具通常被称为结构化金融衍生工具。

2. 按照产品形态

◎ 独立衍生工具：指本身独立存在的金融合约，如期权合约、期货合约等。

◎ 嵌入式衍生工具：指嵌入非衍生合约中的衍生工具，如公司债券条款中包括的赎回条款。

3. 按合约标的资产的种类

◎ 货币衍生工具、利率衍生工具、股权类产品的衍生工具、信用衍生工具、商品衍生工具、其他衍生工具。

4. 按交易场所分类

◎ 交易所交易的衍生工具：指在有组织的交易所上市交易的衍生工具。

◎ 场外交易市场（OTC）交易的衍生工具：指通过各种通信方式，不通过集中的交易所，实行分散的、一对一交易的衍生工具。

✎ **一鸣证书教研组考点分析：**
了解衍生工具的分类。本考点主要注意区分各种不同的分类方式。

【典型例题7】
单选：下列属于场外交易市场交易的衍生工具特点的是（　　）。
A. 通过集中的交易所　　　　B. 实行分散的、一对一交易
C. 实行集中的交易　　　　　D. 通过有组织的交易
【答案】B
【解析】场外交易市场（OTC）交易的衍生工具是指通过各种通信方式，不通过集中的交易所，实行分散的、一对一交易的衍生工具。

☞【考点 8】期权合约（考点难度：中）

1. 期权合约的概念

◎　期权合约：又称作选择权合约，是指赋予期权买方在规定期限内按双方约定的价格买入或卖出一定数量的某种金融资产的权利的合同。约定的价格称为执行价格或协议价格。

2. 期权合约的要素

◎　标的资产：可以是实物、金融资产、利率、汇率或各种综合价格指数等。

◎　期权的买方：买入期权的一方，即支付费用而获得权利的一方。

◎　期权的卖方：卖出期权的一方，获得费用而承担着规定的时间内履行该期权合约义务的一方。

◎　执行价格：期权买方在行使权利时实际执行的价格。

◎　期权费：是指期权买方为获取期权合约所赋予的权利而向期权卖方支付的费用。

➤　期权费是期权合约中唯一的变量，大小取决于期权合约的要素，包括合约标的资产、到期日和执行价格等。

➤　对于卖方而言，期权费是期权的回报。

➤　对于买方而言，期权费是买入期权所遭受损失的最高限度。

➤　期权费（权利金）是期权合约的价格，是期权合约所规定的权利的价格，而执行价格是期权合约中标的资产的价格。

◎　通知日：当期权买方要求履行标的物的交付时，它必须在预先确定的交货和提运日之前的某一天先通知卖方，以便让卖方做好准备，这一天就是通知日。

◎　到期日：期权合约必须履行的时间。

3. 期权合约分类

◎　按期权买方执行期权的时限分类

➤　欧式期权：期权买方只有在到期日才能执行期权。

➤　美式期权：期权买方在期权到期前任何时间执行期权。

◎　按期权买方的权利分类

➤　看涨期权：是指赋予期权的买方在事先约定的时间以执行价格从期权卖方手中买入一定数量的标的资产的权利的合约。

➤　看跌期权：是指期权买方拥有一种权利，在预先规定的时间以执行价格向期权卖出者卖出规定的标的资产。

◎ 按执行价格与标的资产市场价格的关系分类

➢ 实值期权：如果期权立即被执行，买方具有的现金流为正。

➢ 平价期权：如果期权立即被执行，买方具有的现金流为零。

➢ 虚值期权：如果期权立即被执行，买方具有的现金流为负。

✍ **一鸣证书教研组考点分析：**

理解期权合约的概念和特点。本考点的重点是期权的概念，以及期权费对于期权买方和卖方的不同意义。

【典型例题 8】

单选：下列有关金融期权买方和卖方的说法，不正确的是（　　）。

A. 期权的卖方在收取期权费后，就承担着在规定时间内履行该期权合约的义务

B. 期权的买方可以选择行使其所拥有的权利

C. 期权的买方在支付了期权费后，就获得了期权合约所赋予的权利

D. 期权的卖方可以有条件地履行合约规定的义务

【答案】 D

【解析】 期权的卖方获得期权费需无条件履行合约规定的义务。

第二节　基金交易与投资组合理论

☞ **【考点 9】投资政策说明书**（考点难度：中）

1. 投资政策说明书

◎ 投资管理人应基于不同投资者的需求、财务状况、投资限制和偏好等为投资者制定投资政策说明书。

◎ 制定投资政策说明书是进行投资组合管理的基础。

2. 制定投资政策说明书的作用

◎ 能够帮助投资者制定切合实际的投资目标。

◎ 能够帮助投资者将其需求真实、准确、完整地传递给投资管理人，有助于投资管理人更加有效地执行满足投资者需求的投资策略，避免双方之间的误解。

◎ 有助于合理评估投资管理人的投资业绩。

3. 投资政策说明书的内容

◎ 介绍：对客户的基本情况进行描述。

◎ 目的陈述：对撰写投资政策说明书的目的进行陈述。

◎ 责任和义务的陈述：详细说明客户、客户资产的托管人及投资管理人的责任和义务。

◎ 流程：详细介绍根据投资政策说明书进行投资的每一个步骤，以及各种突发和偶然情况的应对措施。

◎ 投资目标：陈述客户的投资目标。

◎ 投资限制：陈述限制客户的投资限制因素。

◎ 资产配置：包括制订战略资产配置的考虑因素和结果。

◎ 投资指导方针：有关投资政策执行的具体细节。

◎ 业绩考核指标与业绩比较基准：用于业绩评估。

◎ 评估和回顾：说明如何进行投资绩效信息的反馈及如何对投资政策说明书本身进行重新审查和更新。

✎ **一鸣证书教研组考点分析：**

掌握投资政策说明书的主要内容。本考点的重点是制定投资政策说明书的作用。

【典型例题 9】

单选：（　　）是进行投资组合管理的基础。

A. 进行类属资产配置　　　　B. 投资组合构建

C. 制定投资政策说明书　　　D. 风险管理

【答案】C

【解析】制定投资政策说明书是进行投资组合管理的基础。

☞【考点 10】资产收益率的期望、方差和协方差（考点难度：难）

1. 单个或多个资产的期望收益率

◎ 期望收益率是资产各种可能收益率的加权平均值，又被称为平均收益率。多资产组成的投资组合的期望收益率为其所包含各个资产的期望收益率的加权平均。其计算公式为：

$$E(r_p) = \sum_{i=1}^{n} W_i E(r_i)$$

式中，$E(r_p)$ 为投资组合的期望收益率；$E(r_i)$ 为第 i 个资产的收益率；W_i 为第 i 个资产的权重；n 为资产数目。

2. 单个资产的方差和标准差

◎ 方差和标准差是估计资产实际收益率与期望收益率之间可能偏离程度的测度方法。对于单一资产，其收益率方差和标准差的计算公式为：

$$\sigma^2 = \sum_{i=1}^{n} p_i \left[r_i - E(r) \right]^2$$

$$\sigma = \sqrt{\sum_{i=1}^{n} p_i \left[r_i - E(r) \right]^2}$$

式中，σ^2 为方差；σ 为标准差；r_i 表示该资产在第 i 种状态下的收益率；p_i 表示收益率 r_i 发生的概率；n 表示资产可能的收益状态的总数；$E(r)$ 表示该资产的期望收益率。

3. 资产收益率的协方差和相关系数

◎ 两个资产收益率的相关性系数为协方差除以两个证券各自标准差的乘积。以希腊字母 ρ 表示：

$$\rho_{i,j} = \frac{Cov(r_i, r_j)}{\sigma_i \sigma_j}$$

◎ 相关系数的取值范围是 $[-1, +1]$

➤ 当 $\rho > 0$ 时，两变量为正线性相关。

➤ 当 $\rho < 0$ 时，两变量为负线性相关。

➤ 当 $\rho = 0$ 时，两变量间无线性相关关系。

➤ 当 $|\rho| = 1$，表示两变量为完全线性相关，+1 为完全正相关，−1 为完全负相关。

➤ 当 $0 < |\rho| < 1$ 时，表示两变量存在一定程度的线性相关关系，且 $|\rho|$ 越接近 1，表示两变量间线性关系越密切；$|\rho|$ 越接近于 0，表示两变量的线性关系越弱。

✎ 一鸣证书教研组考点分析：

掌握资产收益率的期望、方差、协方差、标准差的概念、计算和应用。本考点的重点是资产收益率期望值的计算、相关系数的计算及不同取值范围所反映的变量关系。

【典型例题 10】

单选：已知资产 i 和资产 j 的协方差为 6%，资产 i 的标准差是 0.3，资产 j 的标准差是 0.5，那么资产 i 和资产 j 的相关系数是（　　）

A. 0.6 　　　　B. 0.35 　　　　C. 0.4 　　　　D. 0.32

【答案】C

【解析】根据相关系数公式，带入得 $\rho_{i,j} = \dfrac{Cov(r_i, r_j)}{\sigma_i \sigma_j} = \dfrac{6\%}{0.3 \times 0.5} = $ 0.4。

☞ 【考点 11】均值-方差模型（考点难度：中）

1. 均值-方差模型的基本假设

◎ 基本假设：投资者是厌恶风险的。

2. 均值-方差模型的要点

◎ 首先，投资组合具有两个相关的特征，一是预期收益率，二是各种可能的收益率围绕其预期值的偏离程度，这种偏离程度可以用方差度量。

◎ 其次，投资者将选择并持有有效的投资组合。有效投资组合是指在给定的风险水平下使得期望收益最大化的投资组合，在给定的期望收益率水平下使得风险最小化的投资组合。

◎ 再次，通过对每种证券的预期收益率、收益率的方差和每一种证券与其他证券之间的相互关系（以协方差来度量）这三类信息的适当分析，可以在理论上识别出有效投资组合。

◎ 最后，对上述三类信息进行计算，得出有效投资组合的集合，并根据投资者的偏好，从有效投资组合的集合中选择出最适合的投资组合。

✎ **一鸣证书教研组考点分析：**
理解均值-方差模型的基本思想。本考点的重点是均值-方差模型的四个要点。

【典型例题 11】

单选：关于均值-方差模型，说法错误的是（　　）。

A. 协方差用来度量组合中的每一种证券和其他证券的相互关系

B. 方差用来衡量投资组合各种可能的收益率围绕其预期值的偏离程度

C. 在给定期望收益率水平下使得风险最小化的投资组合属于有效投资组合

D. 均值-方差模型假定投资者并不都是厌恶风险的

【答案】D

【解析】均值-方差模型的基本假设是投资者是厌恶风险的。

☞【考点 12】有效前沿（考点难度：中）

1. 有效前沿

◎ 可行集：又称为机会集，代表市场上可投资产所形成的所有组合。所有可能的组合都位于可行集的内部或边界上。通常，可行集的形状如下图 2-1 所示，其中，纵轴 $E(r)$ 表示预期收益率，横轴（σ）表示风险。

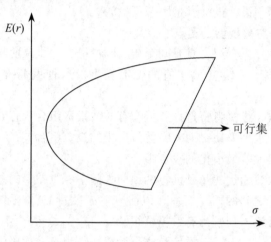

图 2-1　可行集

◎ 最小方差前沿：当对所有具有相同收益率的组合进行比较时，我们会发现位于可行集最左边的组合具有更低的风险。在收益率一定的情况下，投资者都会追求最小的风险，投资于那些风险更小的组合。因此，只有可行集最左边的点是有效的，右边所有的点都是无效的。如果把最左边的点连在一起形成一条曲线，这条曲线称为最小方差前沿，如图 2-2 所示。在相同收益率水平下，这条曲线上的组合具有最小方差。最小方差前沿上每个点都是所有风险资产的组合，各个点的区别是各风险资产的权重不同。

◎ 有效前沿：最小方差前沿的上半部分被称为马科维茨有效前沿，简称为有效前沿，如图 2-3 所示。有效前沿是能够达到的最优的投资组合的集合，它位于所有资产和资产组合的左上方。

✐ 一鸣证书教研组考点分析：
　理解有效前沿的概念。本考点的重点是有效前沿的形状。

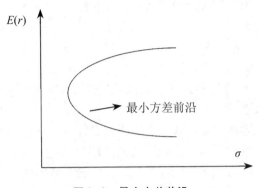

图 2-2　最小方差前沿

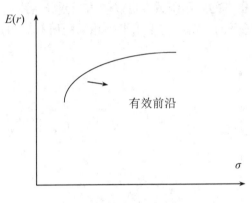

图 2-3　有效前沿

【典型例题 12】

单选：有效前沿位于可行集的（　　）。

A. 左边界　　　　B. 下边界　　　　C. 右边界　　　　D. 上边界

【答案】D

【解析】有效前沿位于可行集的上边界，也可以说是左上边界。

☞【考点 13】效用、无差异曲线及最优组合（考点难度：中）

1. 效用

◎　效用是投资带给人的满意程度。投资者更喜欢高收益、低风险的资产，因此不同资产带给投资者的效用是不一样的。投资者总是选择效用高的资产进行投资。假定每一个投资者可以根据资产（或资产组合）获得的预期收益与风险情况对效用进行量化比较，可得出其效用函数。效用函数的一个常见形式为：

$$U = E(r) - \frac{1}{2}A\sigma^2$$

式中，U 为效用值；A 为某投资者的风险厌恶系数；$E(r)$ 为资产的预期收益；σ^2 为资产收益的方差。

◎ 对于风险厌恶系数 A 一定的投资者来说，某资产的期望收益率越高，带给投资者的效用越大；资产的风险越大，效用越小。

◎ 同一资产带给风险厌恶系数不同的投资者的效用并不相同。风险厌恶系数越大的投资者感受到的效用越低。

2. 无差异曲线

◎ 根据投资者的效用函数，可以画出无差异曲线。无差异曲线是在期望收益-标准差平面上由给定效用水平相同的所有点组成的曲线，如图2-4 所示。

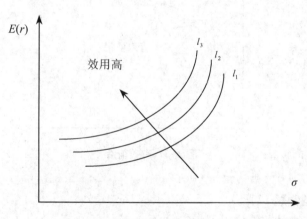

图 2-4 无差异曲线

◎ 无差异曲线的特点

➢ 风险厌恶的投资者的无差异曲线是从左下方向右上方倾斜的。

➢ 同一条无差异曲线上的所有点向投资者提供了相同的效用。

➢ 对于给定风险厌恶系数 A 的某投资者来说，可以画出无数条不会交叉的无差异曲线。

➢ 当向较高的无差异曲线移动时，投资者的效用增加。

➤ 风险厌恶程度高的投资者与风险厌恶程度低的投资者相比，其无差异曲线更陡，因为随着风险增加，其要求的风险溢价更高，如图2-4所示。

3. 最优组合

◎ 最优组合是使投资者效用最大化的无差异曲线和有效前沿相切的点所代表的投资组合。

◎ 这个点在有效前沿上，它是投资者可以实际选择的点；它又是投资者可以获得最大效用的点。对于风险厌恶程度不同的投资者，其切点位置也不同。

✎ 一鸣证书教研组考点分析：
　　理解无差异曲线和最优组合的概念。本考点的重点是无差异曲线的特点，以及最优组合的概念。

【典型例题 13】

单选：使投资者效用最大化的无差异曲线和有效前沿相切的点所代表的组合是（　　）。

A. 有效组合　　　　　　B. 有效前沿组合

C. 效用组合　　　　　　D. 最优组合

【答案】D

【解析】最优组合是使投资者效用最大化的无差异曲线和有效前沿相切的点所代表的组合。

☞【考点 14】资本市场理论的前提假设（考点难度：中）

1. 资本市场理论和资本资产定价模型的前提假设

◎ 所有的投资者都是风险厌恶者。

◎ 投资者可以以无风险利率任意地借入或贷出资金。

◎ 所有投资者的期望相同。

◎ 所有投资者的投资期限都是相同的，并且不在投资期限内对投资组合做动态的调整。

◎ 所有的投资都可以无限分割，投资数量随意。

◎ 无摩擦市场。主要指没有税和交易费用。

◎ 投资者都是价格的接受者。

2. 市场均衡状态

◎ 所有投资者将选择持有包括所有证券资产在内的市场组合 M。市场投资组合包含市场上所有的风险资产，并且其包含的各资产的投资比例与整个市场上风险资产的相对市值比例一致。

◎ 市场组合处于有效前沿。

◎ 市场组合的风险溢价与市场组合的方差和投资者的典型风险偏好成正比。

◎ 单个资产的风险溢价与市场投资组合 M 的风险溢价和该资产的 β 系数成比例。

✎ 一鸣证书教研组考点分析：

理解资本市场理论的前提假设。本考点的重点是资本市场理论和资本资产定价模型的前提假设。

【典型例题 14】

单选：下列不属于资本资产定价模型的前提假设的是（　　）。

A. 投资者不在投资期限内对投资组合做动态的调整

B. 投资者的投资期限都是不同的

C. 投资可以无限分割，投资数量随意

D. 投资者是价格的接受者

【答案】B

【解析】资本市场理论的前提假设之一是所有投资者的投资期限都是相同的，并且不在投资期限内对投资组合做动态的调整。

☞【考点 15】资本配置线、资本市场线和证券市场线（考点难度：难）

1. 资本配置线（CAL）

◎ 资本配置线（CAL）上的点表示无风险资产与风险资产的线性组合。其表达式为：

$$E(R_p) = R_f + \left[\frac{E(R_x) - R_f}{\sigma_x} \right] \times \sigma_p$$

式中，$E(R_p)$ 为组合的期望收益率，$E(R_x)$ 为风险资产的期望收益率，R_f 为无风险资产的收益率，σ_x 为风险资产的标准差，σ_p 为组合的标准差。

◎ 资本配置线（CAL）上截距是无风险收益率 R_f，斜率是 $\dfrac{E(R_x) - R_f}{\sigma_x}$，这个斜率是风险资产 x 的夏普比率，也是这条 CAL 上任意点的夏普比率，如图 2-5 所示。

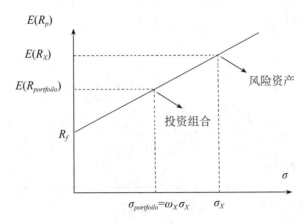

图 2-5　资本配置线

◎　每一个投资者对于收益和风险都有不同的预期和偏好，因此每一个投资者都有不同的最优投资组合及不同的 CAL。

◎　在这无数条 CAL 中，最优的 CAL 是与有效前沿相切的那条。

2. 资本市场线（CML）

◎　资本市场线：最佳的资本配置线是与马科维茨有效前沿相切的一直线，这条直线取代了马科维茨有效前沿，成为新的有效前沿，称为资本市场线，如图 2-6 所示。

◎　资本市场线的表达式为：

$$E(R_p) = R_f + \left[\frac{E(R_M) - R_f}{\sigma_M} \right] \times \sigma_p$$

◎　资本市场线 CML 的斜率是 $\dfrac{E(R_M) - R_f}{\sigma_M}$，它是市场组合的夏普比率，而 CML 上任一个组合的夏普比率都等于市场组合的夏普比率。

◎　资本市场线指出了有效投资组合风险与预期收益率之间的关系。

◎　资本市场线从纵轴上无风险利率点 R_f 处向上延伸，与原马科维茨有效前沿曲线相切于点 M，这条直线上包含了所有风险资产投资组合 M 与无风险资产的组合。当市场达到均衡时，切点 M 即市场投资组合。理论上，市场投资组合包含市场上所有的风险资产，并且其包含的各类资产的投资比例与整个市场上风险资产的相对市值比例一致。

◎　市场投资组合的三个重要特征

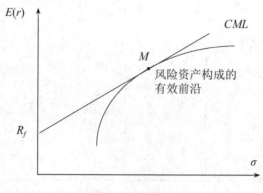

图 2-6 资本市场线

> 它是有效前沿上唯一一个不含无风险资产的投资组合。
> 有效前沿上的任何投资组合都可看作是市场投资组合 M 与无风险资产的再组合。
> 市场投资组合完全由市场决定，与投资者的偏好无关。

3. 证券市场线（SML）

◎ 预期收益率与 β 系数的关系式可以表示成证券市场线，如图 2-7 所示。证券市场线的斜率是市场组合的风险溢价。市场组合也恰好位于证券市场线上，即图中的 M 点，该点 β 系数为 1，相对应的预期收益率是市场组合的预期收益率。一项资产或资产组合的 β 系数越高，则它的预期收益率越高。β 系数为零的资产的预期收益率等于无风险收益率。

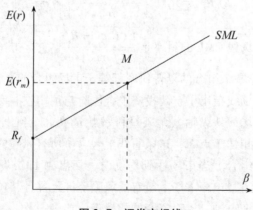

图 2-7 证券市场线

◎ 证券市场市场线是以资本市场线为基础发展起来的。资本市场线给出了所有有效投资组合风险与预期收益率之间的关系，但没有指出每一个风险资产的风险与收益之间的关系。证券市场线则给出每一个风险资产与预期收益率之间的关系，也就是说证券市场线能为每一个风险资产进行定价。

◎ 证券市场线描述了单个资产与市场风险之间的函数关系。用于评估单个资产对整个组合的风险贡献，这种贡献可以用资产的 β 值来衡量。证券市场线既适用于资产组合，又适合于单个资产。

4. 资本市场线和证券市场线的区别（见表 2-7）

表 2-7 资本市场线和证券市场线的区别

要点	资本市场线（CML）	证券市场线（SML）
风险的衡量	总风险（用标准差衡量）	系统性风险（用 β 值衡量）
应用	决定最合适的资产配置点	决定资产最合理的预期收益率
斜率	市场组合的夏普比率	市场组合的风险溢价
适用范围	有效投资组合	① 单个资产或投资组合 ② 有效投资组合和无效投资组合

✎ **一鸣证书教研组考点分析：**

理解资本市场线和证券市场线的概念与区别。本考点理解相对较难，重点在于掌握资本市场线和证券市场线的区别，可对比记忆。

【典型例题 15】

单选：下列关于资本市场线的说法，正确的是（ ）。

Ⅰ. 资本市场线给出了所有有效投资组合风险与预期收益率之间的关系

Ⅱ. 资本市场线的斜率是市场组合的风险溢价

Ⅲ. 资本市场线的斜率是市场组合的夏普比率

Ⅳ. 资本市场线坐标图的横轴以标准差来衡量风险

A. Ⅰ、Ⅱ　　B. Ⅱ、Ⅳ　　C. Ⅰ、Ⅱ、Ⅳ　　D. Ⅰ、Ⅲ、Ⅳ

【答案】 D

【解析】 资本市场线的斜率是市场组合的夏普比率，故Ⅱ错误。

☞【考点 16】证券价格指数（考点难度：中）

1. 市场价格指数的定义

◎ 市场价格指数是指在证券市场上选择具有代表性的证券（或全部证券），通过对证券交易价格进行平均和动态对比生成指数，借此来反映某一类证券（或整个市场）价格的变化情况。

◎ 常见的证券价格指数有股票价格指数和债券价格指数。

2. 股价指数编制方法

◎ 编制股票价格指数的方法主要有算术平均法、几何平均法、加权平均法三种。

3. 指数跟踪方法

◎ 完全复制：是指通过购买所有指数成分证券，完全按照成分证券在指数中的权重配置资金，并在指数结构调整时也同步调整来实现与指数完全相同的收益率。

◎ 抽样复制：是尽可能保留因子个数和因子结构不变的情况下，对较少的股票来复制因子，从而减少复制指数所有的股票个数。

◎ 优化复制：是从一篮子样本证券开始，用数学方法计算一定历史时期内各样本证券的最优组合，使之在样本期内能够达到对标的指数的最佳拟合状态。

◎ 以上三种复制方法，即完全复制、抽样复制和优化复制，所使用的样本股票的数量依次递减，但是跟踪误差通常依次增加。

✍ **一鸣证书教研组考点分析：**
理解市场上主要的证券价格指数（股票和债券）的编制方法。本考点的重点是股票价格指数的编制方法及三种指数跟踪方法。

【典型例题 16】

单选：下列不属于编制股票价格指数的编制方法的是（　　）。

A. 算术平均法　　　　B. 加权平均法

C. 加权统计法　　　　D. 几何平均法

【答案】C

【解析】编制股票价格指数的方法主要有算术平均法、几何平均法、加权平均法三种。

☞【考点 17】保证金交易（考点难度：中）

1. 买空交易和卖空交易

◎　买空交易：在我国，保证金交易被称为"融资融券"。融资是指投资者借入资金购买证券，又称为买空交易。

◎　卖空交易：即融券业务，与融资业务正好相反，投资者可以向证券公司借入一定数量的证券卖出，当证券价格下降时再以当时的市场价格买入证券归还证券公司，自己则得到投资收益。

◎　上海证券交易所关于保证金交易的相关规定

➤　上交所规定的融资融券保证金比例不得低于50%。

➤　上交所规定融资融券业务最长时限为6个月。

➤　上交所规定的维持担保比例下限为130%，维持担保比例＝（现金+信用证券账户内证券市值总和）／（融资买入金额+融券卖出证券数量×当前市价+利息及费用总和）。

2. 关于融资融券业务的相关规定

◎　目前大部分证券公司要求普通投资者开户时间须达到18个月，且持有资金不得低于50万元人民币。

◎　上海证券交易所对于可用于融资融券的标的证券做出了详细规定，如标的证券为股票的，须符合下列7个条件：

➤　在上海证券交易所上市交易超过3个月。

➤　融资买入标的股票的流通股本不少于1亿股或流通市值不低于5亿元；融券卖出标的股票的流通股本不少于2亿股或流通市值不低于8亿元。

➤　股东人数不少于4000人。

➤　在最近3个月内没有出现下列情形之一：

①　日均换手率低于基准指数日均换手率的15%，且日均成交金额小于5000万元。

②　日均涨跌幅平均值与基准指数涨跌幅平均值的偏离值超过4%。

③　波动幅度达到基准指数波动幅度的5倍以上。

➤　股票发行公司完成股权分置改革。

➤　股票交易未被上海证券交易所实施风险警示。

➤　上海证券交易所规定的其他条件。

> ✎　**一鸣证书教研组考点分析：**
> 　　理解买空交易和卖空交易的概念。本考点主要考查买空交易和卖空交易涉及的具体规定条件，重点掌握数字相关条款。

【典型例题 17】

单选：下列关于融资融券标的证券的条件，说法错误的是（　　）。

A. 股东人数不少于 4000 人

B. 融资买入标的股票的流通股本不少于 1 亿股或流通市值不低于 5 亿元

C. 融券卖出标的股票的流通股本不少于 2 亿股或流通市值不低于 8 亿元

D. 在交易所交易超过 2 个月

【答案】D

【解析】在交易所交易超过 3 个月。

☞【考点 18】基金投资交易过程的风险管理（考点难度：中）

1. 合规风险

◎ 概念：违反法律、法规、交易所规则、公司内部制度、基金合同等导致公司可能遭受法律制裁、监管处罚、公开谴责等的风险就是投资交易过程中的合规风险。

◎ 管理：主要体现在交易规定的执行和交易行为的监控过程中，通过制度化、系统地进行事前、事中、事后的监控和管理，以防范操纵证券市场、不公平对待不同投资组合、利用基金财产为基金份额持有人以外的第三人谋取利益等违法违规行为。

2. 操作风险

◎ 概念：由于人员、流程、系统或外部因素带来的交易失误，导致基金资产或基金公司财产损失，或基金公司声誉受损、受到监管部门处罚等的风险就是投资交易过程中的操作风险。

◎ 管理：基金公司应对业务风险进行评估，对风险点进行整理、评估，并制订相应的管理措施，在业务过程进行中对风险管理情况进行持续跟踪。

✎ 一鸣证书教研组考点分析：
理解投资交易过程中两种风险的概念和管理方法。本考点的重点是理解基金投资交易过程中的两种风险的概念。

【典型例题 18】

单选：基金投资交易过程中的风险主要有（　　）。

Ⅰ. 合规风险　　　　　　　Ⅱ. 市场风险

Ⅲ．操作风险　　　　　Ⅳ．信用风险

A．Ⅱ、Ⅲ、Ⅳ　　　　　B．Ⅰ、Ⅱ、Ⅳ

C．Ⅰ、Ⅱ、Ⅲ　　　　　D．Ⅰ、Ⅲ

【答案】D

【解析】基金投资交易过程中的风险主要体现在两个方面，一是投资交易过程中的合规风险，二是操作风险。

第三节　基金投资风险管理

☞【考点 19】投资风险的测量（考点难度：难）

1．风险测度的概述

◎　事前风险测度：在风险发生前，衡量投资组合在将来的表现和风险情况。

◎　事后风险测度：是在风险发生后的分析，主要目的是研究投资组合在历史上的表现和风险情况，常用来衡量风险调整后的收益情况。

2．风险指标的分类

◎　基于收益率及方差的风险指标，用来描述收益的不确定性，即偏离期望收益的程度，如波动率、回撤、下行风险标准差等。

◎　基于投资价值对风险因子敏感程度的指标，这些指标分别从利率、市场等不同角度反映了投资组合的风险暴露，如贝塔（β）系数、久期、凸性等。

3．贝塔系数

◎　贝塔（β）系数：是评估证券或投资组合系统性风险的指标，反映的是投资对象对市场变化的敏感度。

◎　贝塔系数的计算方法

➢　贝塔系数的公式为：$\beta_p = \dfrac{Cov(r_p,\ r_m)}{\sigma_m^2}$。其中，$Cov(r_p,\ r_m)$是投资组合 p 的收益与市场收益的协方差，σ_m^2 是市场收益的方差。

➢　投资组合 p 与市场收益的相关系数为：$\rho_{p,\ m} = \dfrac{Cov(r_p,\ r_m)}{\sigma_p \cdot \sigma_m}$。

贝塔系数也可以通过相关系数计算得到：$\beta_p = \rho_{p,\ m} \cdot \dfrac{\sigma_p}{\sigma_m}$，其中 σ_m 为

市场的标准差；σ_p 为投资组合 p 的标准差。

◎ 贝塔系数的应用

➢ $\beta > 0$：投资组合的价格变动方向与市场一致。

➢ $\beta < 0$：投资组合的价格变动方向与市场相反。

➢ $\beta = 1$：投资组合的价格变动幅度与市场一致。

➢ $\beta > 1$：投资组合的价格变动幅度比市场更大。

➢ $0 < \beta < 1$：投资组合的价格变动幅度比市场小。

◎ 贝塔系数的局限性

➢ 通常贝塔系数是用投资组合与基准指数的历史收益数据计算而来的，无法反映新的变化。

➢ 贝塔系数随着计算所使用的历史时间区间的变化而相应变化，特别是时间区间较短时。对于投资管理人来说，要在短期内达到一个特定的 β 系数的目标，是非常困难的。在应用 β 系数进行投资组合对比时，也需要注意所使用数据的时间区间。

4. 波动率

◎ 投资组合波动率是单位时间收益率的标准差。波动率是一个绝对风险指标。单位时间根据数据来源和应用场景可以取每日、每周、每月、每年等。

◎ 假设每日收益率相互独立且具有相同的方差，则 T 个交易日总收益率的方差为 T 乘以每日收益率方差的积。那么 T 日总收益率的标准差是每日收益率标准差的 $\sqrt{T}$ 倍，即：

$$\sigma_T = \sigma_{day}\sqrt{T}$$

◎ 在计算波动率时，通常仅计算交易日数量，忽略交易所关闭的日子。

5. 跟踪误差

◎ 跟踪误差是相对于业绩比较基准的相对风险指标。

6. 主动比重

◎ 主动比重：是指投资组合持仓与基准不同的部分，主动比重是一个相对于业绩比较基准的风险指标，用来衡量投资组合相对于基准的偏离程度。

◎ 主动比重的计算方法

➢ 假定全市场可投资股票有 n 只，$w_{p,i}$ 为第 i 只股票在投资组

合中的权重，$w_{b,i}$ 为第 i 只股票在基准中的权重，则主动比重为：$AS = \frac{1}{2} \sum_{1}^{n} |w_{p,i} - w_{b,i}|$。

➢　主动比重衡量一个投资组合与基准指数的相似程度。主动比重为 0 意味着该投资组合实质上是一个指数基金；主动比重为 100% 则意味着该投资组合的表现可能会与基准差别较大。

◎　主动比重的局限性

➢　与基准不同并不意味着投资组合一定会跑输或跑赢基准。投资组合要跑赢基准必须在适当的时候以适当的方式偏离基准。

➢　与基准不同并不意味着投资组合的业绩表现会与基准有显著区别。有的组合主动比重很高，但其持仓可能和基准有较高的相关性。

7. 最大回撤

◎　最大回撤测量投资组合在指定区间内从最高点到最低点的回撤，计算结果是在选定区间内任一历史时点往后推，产品净值走到最低点时的收益率回撤幅度的最大值。

◎　最大回撤用于衡量投资管理人对下行风险的控制能力。指定区间越长，这个指标就越不利，因此在不同的基金之间使用该指标时，应尽量控制在同一个评估期间。

◎　某些投资者将控制下行风险作为投资的重要目标，目的是将损失控制在相对于其投资期间最大财富的一个固定比例。

◎　最大回撤的缺点是只能衡量损失的大小，而不能衡量损失发生的可能频率。

8. 下行标准差

◎　下行标准差的计算公式为：

$$下行标准差 = \sqrt{\frac{\sum_{i=1}^{n} (r_i - r_T)^2}{n}}, \quad （其中 r_i < r_T）$$

式中，r_i 表示第 i 期基金收益率；r_T 表示目标收益率，n 表示基金收益率小于目标收益率的期数。

◎　通常需要对下行标准差进行年化处理，如果收益率采用每日收益，则乘以交易日数量的开方。如果收益率采用每月收益，则乘以 12 的开方。

✎ 一鸣证书教研组考点分析：

了解事前与事后风险测度的区别；掌握贝塔系数和波动率的概念、计算方法、应用和局限性；理解跟踪误差、主动比重的概念、计算方法、应用和局限性；理解最大回撤、下行标准差的概念、计算方法、应用和局限性。本考点主要考查各种风险指标的概念及特点，比较难，需要理解记忆。

【典型例题 19】

单选：（　　）指投资组合持仓与基准不同的部分。是一个相对于业绩比较基准的风险指标，用来衡量投资组合相对于基准的偏离程度。

A. β 系数　　　　　　B. 下行标准差

C. 最大回撤　　　　　D. 主动比重

【答案】D

【解析】主动比重指投资组合持仓与基准不同的部分，是一个相对于业绩比较基准的风险指标，用来衡量投资组合相对于基准的偏离程度。

☞【考点 20】混合基金的风险管理（考点难度：中）

1. 混合基金的概念

◎ 混合基金是同时投资于股票、债券和货币市场等工具，且不属于股票基金、债券基金和基金中基金的任何一类的基金。其风险和预期收益低于股票基金，高于债券基金。

2. 混合基金的分类

◎ 根据资产投资比例及投资策略，混合基金可分为偏债型基金、偏股型基金、平衡型基金等。一般而言，偏股型基金的风险较高，但预期收益率也较高；偏债型基金的风险较低，预期收益率较低；平衡型基金介于两者之间。

3. 混合基金的风险管理

◎ 因为混合基金的股票仓位比股票型基金和债券型基金更灵活，所以针对其的风险管理也更多样化，具体可根据基金当时的股票仓位和面临的主要投资风险进行控制。

◎ 混合基金股票仓位较高时，可参照股票型基金，对基金行业集中度、持股集中度等风险指标进行监控。

◎ 在债券仓位较高时，可参照债券型基金，侧重对基金组合久期、持债集中度等风险指标进行监控。

◎ 投资过程中的风险管理还需要回顾和评估，并根据基金组合状况和市场状况不断修正。

> ✎ **一鸣证书教研组考点分析：**
> 掌握混合基金的风险管理方法。本考点的重点是混合基金的分类及每种类型混合基金的风险收益特征。

【典型例题 20】

单选：关于混合型基金投资风险，以下表述正确的是（ ）。

A. 混合型基金的投资风险主要取决于股票和债券配置的比例

B. 偏股型基金风险较高，但预期收益率相对较低

C. 混合型基金股票仓位较高时，可按照债券型基金，侧重对基金组合久期、持债集中度等风险指标进行监控

D. 一般情况下，混合型基金风险要高于股票基金

【答案】 A

【解析】 混合基金的投资风险主要取决于股票与债券配置的比例。偏股型基金的风险较高，但预期收益率也较高；偏债型基金的风险较低，预期收益率也较低；股债平衡型基金的风险与收益则较为适中。

☞ **【考点 21】** 跨境投资的风险管理（考点难度：中）

1. 跨境投资的基金种类

◎ 我国涉及跨境投资的基金，包括 QDII 基金、港股通基金及非本地基金公司管理的互认基金。

2. 跨境投资风险分类

◎ 政治风险

◎ 汇率风险

◎ 税收风险

◎ 投资研究风险

◎ 交易和估值风险

◎ 合规风险

3. 跨境投资风险管理

◎ 通过不同国家地区的资产组合配置分散风险。

◎ 多币种投资和汇率避险操作相结合。

> ✎ **一鸣证书教研组考点分析：**
> 理解跨境投资所面临的风险和相应的管理方法。本考点的重点是跨境投资的风险类型。

【典型例题 21】

单选：QDII 基金的风险不包括（　　）。

A. 合规风险　　　　　　B. 税收风险

C. 操作风险　　　　　　D. 政治风险

【答案】C

【解析】跨境投资者面临的风险类型：政治风险、汇率风险、税收风险、投资研究风险、交易和估值风险、合规风险。

第四节　基金业绩评价与交易结算

☞【考点 22】绝对收益与相对收益（考点难度：中）

1. 绝对收益的概念

◎　绝对收益：是证券或投资组合在一定时间区间内所获得的回报，测量的是证券或投资组合的增值或贬值，常用百分比来表示收益率。

2. 绝对收益的计算指标

◎　持有区间收益率

➢　持有区间所获得的收益通常来源于两部分：资产回报和收入回报。资产回报是指股票、债券、房地产等资产价格的增加/减少；而收入回报包括分红、利息等。

➢　资产回报率＝（期末资产价格－期初资产价格）/期初资产价格×100%

➢　收入回报率＝期间收入/期初资产价格×100%

◎　时间加权收益率

➢　时间加权收益率的计算方法是将收益率计算区间分为子区间，每个子区间可以是一天、一周、一个月等。每个子区间按现金流发生时间划分，将每个区间的收益率以几何平均的方式相连接。

➢　时间加权收益率的计算公式为：

$$R = (1 + R_1)(1 + R_2)\cdots\cdots(1 + R_n) - 1$$

其中 R_1，R_2……R_n 为各区间的收益率。

◎　平均收益率

➢　平均收益率一般可分为算术平均收益率和几何平均收益率。

➢　其中，算术平均收益率即计算各期收益率的算术平均值。算术平均收益率的计算公式为：

$$(R_A) = \frac{\sum_{t=1}^{n} R_t}{n} \times 100\%$$

式中，R_t 表示 t 期收益率；n 表示期数。

◎　几何平均收益率与算术平均收益率不同，它运用了复利的思想，即考虑了货币的时间价值，这与时间加权收益率类似，不同的是时间加权收益率不开 n 次方，而几何平均收益率则要开 n 次方。其计算公式为：

$$R_G = \sqrt[n]{(1 + R_1)(1 + R_2)\cdots\cdots(1 + R_n)} - 1$$

➤　通常，算术平均收益率要大于几何平均收益率，两者之差随收益率波动加剧而增大。由于几何平均收益率是通过对时间进行加权来衡量收益的情况，因此克服了算术平均收益率会出现的上偏倾向。

◎　基金收益率

➤　基金资产净值是基金总资产减去总负债后的余额，与公司账面价值/权益的概念相似。公募基金的资产净值通常以基金单位资产净值的形式公布，其计算公式为：期末基金单位资产净值=期末基金资产净值/期末基金单位总份额。

➤　基金单位资产净值与资产净值不同，其不受基金份额申购赎回的影响。利用基金单位资产净值计算收益率，只需考虑分红。

3. 相对收益

◎　基金的相对收益，又称为超额收益，代表一定时间区间内，基金收益超出业绩比较基准的部分。

◎　相对收益可以采用算术法和几何法两种方法进行计算：

$$ER_a = R_p - R_b$$

$$ER_g = \frac{R_p + 1}{R_b + 1} - 1$$

式中，ER_a 代表算术法计算的相对收益；ER_g 代表几何法计算的相对收益；R_p 为基金收益；R_b 为基准收益。

✐　**一鸣证书教研组考点分析：**
掌握衡量绝对收益和相对收益的主要指标的概念和计算方法。本考点的重点是持有期间收益率及时间加权收益率的相关计算，要记住公式。

【典型例题 22】

单选：假设某投资者在 2019 年 6 月 1 日，买入 1 股 A 公司股票，价格为 100 元，2020 年 6 月 1 日，A 公司发放 5 元分红，同时其股价为 110 元。那么该区间内的持有区间收益率为（   ）。

A. 5%　　　　　B. 15%　　　　　C. 8%　　　　　D. 10%

【答案】B

【解析】资产回报率 =（110-100）/100×100% = 10%，收入回报率 = 5/100×100% = 5%，持有区间的收益率 = 资产回报率 + 收入回报率 = 10% + 5% = 15%。

☞【考点 23】全球投资业绩标准（考点难度：中）

1. 全球投资业绩标准的目的

◎ CFA 协会于 1995 年开始筹备成立全球投资业绩标准（GIPS）委员会，负责发展并制定单一绩效呈现标准。

2. 全球投资业绩标准的作用

◎ GIPS 的作用是通过制定业绩报告，确保投资表现结果获得充分的声明与披露，并对实际情况做出完整的衡量与体现。

◎ 自 1999 年 CFA 协会正式批准 GIPS 为全球投资业绩标准以来，它已经逐渐为各国所接受。此后，GIPS 委员会随着行业的变化不定期对标准进行调整。

3. 全球投资业绩标准的特点

◎ GIPS 非强制，属于自愿参与性质，并代表业绩报告的最低标准。

◎ GIPS 标准包含两套。一套为必须遵守的规定，投资管理机构必须在全体一致遵守所有规定的情况下，方可宣称已符合标准；另一套为推荐遵守的行业最高标准。

◎ 为了防止机构仅展示业绩良好的组合，GIPS 规定投资管理机构应将所有可自由支配于预期投资策略及收取管理费的组合，根据相同策略或投资目标，纳入至少一个以上的组合群。

◎ 除成立未满 5 年的投资管理机构外，所有机构必须汇报至少 5 年以上符合 GIPS 的业绩，并于此后每年更新业绩，一直汇报至 10 年以上的业绩。

◎ GIPS 依赖于输入数据的真实性与准确性。投资管理机构应遵守 GIPS 规定的计算方式和呈现模式，并对规定内容进行充分的声明与披露。

4. 全球投资业绩标准输入数据的相关规定

◎　自 2011 年 1 月 1 日起，组合必须以公允价值进行实际估值。对于交易不频繁或难以获取市价的证券，投资管理机构应采用受广泛认可的其他合理估值方式，并遵守 GIPS 估值原则。进行估值的日期应为月底或月内的最后一个交易日。

◎　2001 年 1 月 1 日前，组合必须至少每季度进行一次实际估值；2001 年 1 月 1 日后，对于估值周期的要求由季度更改为月度。自 2010 年 1 月 1 日起，组合须至少每月度进行一次实际估值，并在所有出现大额对外现金流的日子进行实际估值。

◎　自 2005 年 1 月 1 日起，投资管理机构必须采用交易日会计制。

◎　对固定收益类等应计利息的证券，必须采用权责发生制。

5. 全球投资业绩标准收益率计算的相关规定

◎　必须采用总收益率，即包括实现的和未实现的回报，以及损失加上收入。

◎　必须采用经现金流调整后的时间加权收益率。不同期间的回报率必须以几何平均方式相关联。

◎　投资组合的收益必须以期初资产值加权计算，或采用其他能反映期初价值及对外现金流的方法。

◎　在计算收益时，必须计入投资组合中持有的现金及现金等价物的收益。

◎　所有的收益计算必须扣除期内的实际买卖开支，而不得使用估计的买卖开支。

◎　自 2006 年 1 月 1 日起，投资管理机构必须至少每季度计算一次组合群的收益，并使用个别投资组合的收益以资产加权计算。自 2010 年 1 月 1 日起，必须至少每月计算一次组合群的收益，并使用个别投资组合的收益以资产加权计算。

◎　若实际的直接买卖开支无法从综合费用中确定并分离出来，则在计算未扣除费用收益时，从收益中减去全部综合费用或综合费用中包含直接买卖开支的部分，而不得使用估计出的买卖开支；计算已扣除费用收益时，必须从收益中减去全部综合费用或综合费用中包含直接买卖开支及投资管理费用的部分，而不得使用估计的买卖开支。

✎ **一鸣证书教研组考点分析：**

理解全球投资业绩标准（GIPS）的目的、作用和要求。本考点的重点是全球投资业绩标准的特点与收益率计算的相关规定。

【典型例题 23】

单选：关于 GIPS 收益率计算的规定，说法错误的是（　　）。

A. 必须采用经现金流调整后的时间加权收益率

B. 2010 年 1 月 1 日起，必须至少每季度计算一次组合群的收益，并使用个别投资组合的收益以资产加权计算

C. 必须采用总收益率，即包括实现的和未实现的回报，以及损失加上收入

D. 在计算收益时，必须计入投资组合中持有的现金及现金等价物的收益

【答案】 B

【解析】 2010 年 1 月 1 日起，必须至少每月计算一次组合群的收益，并使用个别投资组合的收益以资产加权计算。

☞ **【考点 24】场内证券交易特别规定及事项**（考点难度：中）

1. 大宗交易

◎ 大宗交易是指单笔数额较大的证券买卖。

◎ 上海证券交易所接受大宗交易的时间为每个交易日的 9：30—11：30、13：00—15：30。

◎ 深圳证券交易所启用综合协议交易平台，取代原有大宗交易系统，接受交易用户申报的时间为每个交易日的 9：15—11：30、13：00—15：30。

2. 固定收益证券综合电子平台

◎ 交易商在固定收益平台申报卖出固定收益证券的数量，不得超过其证券账户内可交易余额。

◎ 交易商当日买入的固定收益证券，当日可以卖出。当日被待交收处理的固定收益证券，下一交易日可以卖出。

◎ 在固定收益平台进行的固定收益证券现券交易实行净价申报，申报价格变动单位为 0.001 元，申报数量单位为 1 手（1 手为 1000 元面值）。

◎ 交易价格实行涨跌幅限制，涨跌幅比例为 10%。涨跌幅价格计

算公式为：涨跌幅价格=前一交易日参考价格×（1±10%）。式中，前一交易日参考价格为该日全部交易的加权平均价，该日无成交的为上一交易日的加权平均价，以此类推。

3. 回转交易

◎　证券的回转交易是指投资者买入的证券，经确认成交后，在交收完成前全部或部分卖出。根据我国现行的有关交易制度规定：

➢　债券竞价交易和权证交易实行当日回转交易，即投资者可以在交易日的任何营业时间内反向卖出已买入但未完成交收的债券和权证。

➢　B股实行次交易日起回转交易。

➢　深圳证券交易所对专项资产管理计划收益权份额协议交易也实行当日回转交易。

4. 开盘价和收盘价

◎　证券交易所证券交易的开盘价为当日证券的第一笔成交价。

➢　证券的开盘价格通过集合竞价方式产生。不能产生开盘价的，以连续竞价方式产生。

➢　按集合竞价产生开盘价后，未成交的买卖申报仍然有效，并按原申报顺序自动进入连续竞价。

◎　上海证券交易所证券交易的收盘价为当日该证券最后一笔交易前1分钟所有交易的成交量加权平均价（含最后一笔交易）。当日无成交的，以前收盘价为当日收盘价。

◎　深圳证券交易所证券的收盘价通过集合竞价的方式产生。收盘集合竞价不能产生收盘价或未进行收盘集合竞价的，以当日该证券最后一笔交易前1分钟所有交易的成交量加权平均价（含最后一笔交易）为收盘价。当日无成交的，以前收盘价为当日收盘价。

5. 除权与除息

◎　因送股或配股而形成的剔除行为称为除权，因派息而引起的剔除行为称为除息。

◎　除权（息）参考价=（前收盘价-现金红利+配股价格×股份变动比例）/（1+股份变动比例）

✐　**一鸣证书教研组考点分析：**

理解场内证券交易特别规定及事项。本考点小知识点较多，重点考查每种特殊交易与事项的具体规定。

【典型例题 24】

单选：关于在上海证券交易所固定收益平台进行的固定收益证券现券交易，下列说法错误的是（ ）。

A. 交易商当日买入的固定收益证券，当日可以卖出

B. 交易价格涨跌幅限制比例为 10%

C. 申报价格变动单位为 0.01 元

D. 交易商在固定收益平台申报卖出固定收益证券的数量，不得超过其证券账户内可交易余额

【答案】C

【解析】在固定收益平台进行的固定收益证券现券交易实行净价申报，申报价格变动单位为 0.001 元。

☞【考点 25】银行间债券市场的交易品种（考点难度：中）

1. 债券

◎ 债券的交易品种主要有国债、央行票据、地方政府债、政策性银行债、企业债、短期融资券、商业银行债务、中期票据、资产支持证券、非银行金融债、中小企业集合票据、国际机构债券、政府支持机构债券、超短期融资券、同业存单等。

2. 回购

◎ 回购分为质押式回购和买断式回购两种

➤ 质押式回购是指一方（正回购方）在将回购债券出质给另一方（逆回购方），逆回购方在首期结算日向正回购方支付首期资金结算额的同时，交易双方约定在将来某一日期（即到期结算日）由正回购方向逆回购方支付到期资金结算额，同时逆回购方解除在回购债券上设定的质权的交易。

➤ 买断式回购是指一方（正回购方）在将回购债券出售给另一方（逆回购方），逆回购方在首期结算日向正回购方支付首期资金结算额的同时，交易双方约定在将来某一日期（即到期结算日）由正回购方以约定价格（即到期资金结算额）从逆回购方购回回购债券的交易。

3. 远期交易

◎ 远期交易从成交日至结算日的期限（含成交日不含结算日）由交易双方确定，但最长不得超过 365 天。远期交易实行净价交易，全价结算。

◎　任何一家市场参与者（基金管理公司运用基金财产进行远期交易的，为单只基金）的单只债券的远期交易卖出与买入总余额分别不得超过该只债券流通量的 20%，远期交易卖出总余额不得超过其可用自有债券总余额的 200%。

◎　市场参与者中，任何一只基金的远期交易净买入总余额不得超过其基金资产净值的 100%，任何一家外资金融机构在中国境内的分支机构的远期交易净买入总余额不得超过其人民币营运资金的 100%，其他机构的远期交易净买入总余额不得超过其实收资本金或者净资产的 100%。

✎　**一鸣证书教研组考点分析：**
理解银行间市场的交易品种。本考点重点掌握质押式回购和买断式回购的概念。

【典型例题 25】

单选：（　　）指一方（正回购方）在将回购债券出质给另一方（逆回购方），逆回购方在首期结算日向正回购方支付首期资金结算额的同时，交易双方约定在将来某一日期（即到期结算日）由正回购方向逆回购方支付到期资金结算额，同时逆回购方解除在回购债券上设定的质权的交易。

A. 抵押式回购　　　　B. 买断式回购

C. 质押式回购　　　　D. 远期交易

【答案】 C

【解析】 质押式回购指一方（正回购方）在将回购债券出质给另一方（逆回购方），逆回购方在首期结算日向正回购方支付首期资金结算额的同时，交易双方约定在将来某一日期（即到期结算日）由正回购方向逆回购方支付到期资金结算额，同时逆回购方解除在回购债券上设定的质权的交易。

☞ **【考点 26】银行间债券结算业务类型**（考点难度：中）

1. 分销业务

◎　分销业务是指承销商在发行期内将承销债券向其他结算成员（和分销认购人）进行承销额度的过户。

2. 现券业务

◎　现券买卖，即债券的即期交易，是指交易双方以约定的价格转让债券所有权的交易行为。现券交易的结算按单一券种办理，结算日为 T+0

或 T+1，可以选择任意一种结算方式。

3. 质押式回购业务

◎ 质押式回购是交易双方进行的以债券为权利质押的一种短期资金融通业务。

◎ 目前在我国债券市场的质押式回购中，1 天和 7 天回购是交易量最大、最为活跃的品种。

4. 买断式回购业务

◎ 中国人民银行规定，任何一家市场参与者在进行买断式回购交易时单只券种的待返售债券余额应小于该只债券流通量的 20%，任何一家市场参与者待返售债券总余额应小于其在债券登记托管结算机构托管的自营债券总量的 200%。

5. 债券远期交易

◎ 债券远期交易是指交易双方约定在未来某一日期，以约定价格和数量买卖标的债券的行为。

6. 债券借贷业务

◎ 债券借贷是债券融入方以一定数量的债券为质物，从债券融出方借入标的债券，同时约定在未来某一日期归还所借标的债券，并由债券融出方返还相应质物的债券融通行为。

◎ 债券借贷的期限由借贷双方协商确定，但最长不得超过 365 天。

7. 利率互换业务

◎ 2014 年 1 月和 7 月，上海清算所分别推出人民币利率互换集中清算和代理清算业务，使得利率互换业务成为我国第一个集中清算的场外衍生品，有力地支持我国成为全球第三个实施场外金融衍生品强制集中清算机制的国家。

◎ 纳入强制集中清算的品种包括：浮动端参考利率为 SHIBOR 隔夜、SHIBOR3 个月和 7 天回购定盘利率 3 个品种、期限在 5 年以下的利率互换交易。

> ✎ 一鸣证书教研组考点分析：
> 理解银行间债券结算业务类型。本考点的重点是各种银行间债券结算业务类型的特点及相关规定。

【典型例题 26】

单选：纳入强制集中清算的品种不包括（　　　）。

A. 期限在 6 年以下的利率互换交易

B. SHIBOR7 天回购定盘利率

C. SHIBOR3 个月回购定盘利率

D. 期限在 5 年以下的利率互换交易

【答案】A

【解析】纳入强制集中清算的品种包括浮动端参考利率为 SHIBOR 隔夜、SHIBOR3 个月和 7 天回购定盘利率 3 个品种、期限在 5 年以下的利率互换交易。

☞ 【考点 27】基金会计核算（考点难度：易）

1. 基金会计核算的特点

◎ 基金管理公司是证券投资基金会计核算的责任主体，对所管理的基金应当以每只基金为会计核算主体，独立建账、独立核算，保证不同基金在名册登记、账户设置、账簿记录、资金划拨等方面相互独立。

◎ 基金会计主体

➤ 企业会计核算以企业为会计核算主体，基金会计则以证券投资基金为会计核算主体。

➤ 基金会计的责任主体是对基金进行会计核算的基金管理公司和基金托管人，其中前者承担主会计责任。

◎ 基金会计分期：目前，我国的基金会计核算均已细化到日。

◎ 基金资产会计分类

➤ 金融资产在初始确认时划分为四类：以公允价值计量且其变动计入当期损益的金融资产，持有至到期投资，贷款和应收款项，以及可供出售金融资产。

2. 基金会计核算的主要内容

◎ 证券和衍生工具交易核算

◎ 权益核算

◎ 利息和溢价核算

◎ 费用核算

◎ 基金申购与赎回核算

◎ 估值核算

◎ 利润核算

◎ 基金财务会计报告

◎ 基金会计核算的复核

✐ 一鸣证书教研组考点分析：

掌握基金会计核算的特点及主要内容。本考点的重点是基金会计核算的特点，相对比较简单。

【典型例题 27】

单选：以下关于基金会计核算的特点，表述错误的是（   ）。

A. 基金管理公司的经营活动和证券投资基金的投资管理活动应独立建账、独立核算

B. 目前，我国基金会计核算的会计区间细化到月

C. 基金管理公司是证券投资基金会计核算的责任主体，对所管理的基金应当以每只基金为会计核算主体，独立建账、独立核算

D. 基金会计核算主体为证券投资基金

【答案】B

【解析】目前，我国的基金会计核算均已细化到日。

第五节　基金税收、QDII 境外投资业务与 QFII

☞【考点 28】基金税收（考点难度：难）

1. 基金自身投资活动中产生的税收

◎　增值税

➢　增值税是以商品（含应税劳务）在流转过程中产生的增值额作为计税依据而征收的一种流转税。增值税是价外税，由消费者负担，有增值才征收，无增值不征收。

➢　存款利息不征收增值税。

➢　根据相关规定，下列金融产品转让收入免征增值税：

① 香港市场投资者（包括单位和个人）通过基金互认买卖内地基金份额。

② 证券投资基金（开放式证券投资基金、封闭式证券投资基金）管理人运用基金买卖股票、债券。

③ 证券投资基金开展质押式买入返售取得的金融同业往来利息收入免征增值税。

◎　印花税：从 2008 年 9 月 19 日起，基金卖出股票时按照 1‰的税率征收证券（股票）交易印花税，而对买入交易不再征收印花税，即对

印花税实行单向征收。

◎　所得税

➢　对证券投资基金从证券市场中取得的收入，包括买卖股票、债券的差价收入，股权的股息、红利收入、债券的利息收入及其他收入，暂不征收企业所得税。

➢　对基金取得的股利收入、债券的利息收入、储蓄存款利息收入，由上市公司、发行债券的企业和银行在向基金支付上述收入时代扣代缴 20% 的个人所得税。

➢　上市公司股息红利差别化个人所得税政策是指个人从公开发行和转让市场取得的上市公司股票，持股期限在 1 个月以内（含 1 个月）的，其股息红利所得全额计入应纳税所得额；持股期限在 1 个月以上至 1 年（含 1 年）的，暂减按 50% 计入应纳税所得额；上述所得统一适用 20% 税率计征个人所得税。持股期限超过 1 年的，股息红利所得暂免征收个人所得税。

2. 机构投资者买卖基金的税收

◎　增值税

➢　机构投资者买卖基金份额属于金融商品转让，应按照卖出价扣除买入价后的余额为销售额计征增值税。但机构投资者购入基金、信托、理财产品等各类资产管理产品持有至到期，不属于金融商品转让。

➢　合格境外机构投资者（QFII）委托境内公司在我国从事证券买卖业务、香港市场投资者通过基金互认买卖内地基金份额取得的收入免征增值税。

◎　印花税：机构投资者买卖基金份额暂免征收印花税。

◎　所得税

➢　机构投资者在境内买卖基金份额获得的差价收入，应并入企业的应纳税所得额，征收企业所得税。

➢　对于机构投资者从基金分配中获得的收入，暂不征收企业所得税。

➢　对内地企业投资者通过基金互认买卖香港基金份额取得的转让差价所得，计入其收入总额，依法征收企业所得税。

➢　对内地企业投资者通过基金互认从香港基金分配取得的收益，计入其收入总额，依法征收企业所得税。

3. 个人投资者投资基金的税收

◎ 增值税：个人买卖基金份额的行为免征增值税。

◎ 印花税

➤ 个人投资者买卖基金份额暂免征收印花税。

➤ 对香港市场投资者通过基金互认买卖、继承、赠予内地基金份额，按照内地现行税制规定，暂不征收印花税。

➤ 对内地投资者通过基金互认买卖、继承、赠予香港基金份额，按照香港特别行政区现行印花税税法规定执行。

◎ 所得税

➤ 个人投资者买卖基金份额获得的差价收入，在对个人买卖股票的差价收入未恢复征收个人所得税以前，暂不征收个人所得税。

➤ 个人投资者从基金分配中获得的股票的股利收入、企业债券的利息收入，由上市公司、发行债券的企业和银行在向基金支付上述收入时，代扣代缴20%的个人所得税。

➤ 证券投资基金从上市公司分配取得的股息红利所得，按《关于上市公司股息红利差别化个人所得税政策有关问题的通知》规定实施。个人投资者从基金分配中取得的收入，暂不征收个人所得税。

➤ 个人投资者从基金分配中获得的国债利息、买卖股票差价收入，在国债利息收入、个人买卖股票差价收入未恢复征收所得税以前，暂不征收所得税。

➤ 个人投资者从封闭式基金分配中获得的企业债券差价收入，按现行税法规定，应对个人投资者征收个人所得税。

➤ 个人投资者申购和赎回基金份额取得的差价收入，在对个人买卖股票的差价收入未恢复征收个人所得税以前，暂不征收个人所得税。

➤ 对内地个人投资者通过基金互认买卖香港基金份额取得的转让差价所得，自2015年12月18日起至2018年12月17日止，三年内暂免征收个人所得税。

➤ 内地个人投资者通过基金互认从香港基金分配取得的收益，由该香港基金在内地的代理人按照20%的税率代扣代缴个人所得税。

✏ 一鸣证书教研组考点分析：

　　掌握基金投资活动中涉及的税收项目；掌握投资者买卖基金涉及的税收项目。本考点重点考查各种税征收与免征收的各种情况，比较容易混淆，须对比记忆。

【典型例题 28】

单选：根据现行的税收政策，下列有关机构投资者买卖基金产生的税收，说法正确的是（　　　）。

Ⅰ. 对内地投资者通过基金互认从香港基金分配取得的收益，免征所得税

Ⅱ. 对买卖基金份额获得的差价收入，应纳入企业应纳税所得额，征收企业所得税

Ⅲ. 对从基金分配中获得的收入，暂不征收企业所得税

Ⅳ. 暂不征收印花税

A. Ⅰ、Ⅳ　　　B. Ⅲ、Ⅳ　　　C. Ⅱ、Ⅲ、Ⅳ　　　D. Ⅰ、Ⅱ、Ⅳ

【答案】C

【解析】机构投资者对内地企业投资者通过基金互认从香港基金分配取得的收益，计入其收入总额，依法征收企业所得税。

☞【考点 29】QDII 开展境外投资业务情况（考点难度：难）

1. 合格境内机构投资者（QDII）可以委托符合下列条件的投资顾问进行境外证券投资

◎　在境外设立，经所在国家或地区监管机构批准从事投资管理业务。

◎　所在国家或地区证券监管机构已与中国证监会签订双边监管合作谅解备忘录，并保持着有效的监管合作关系。

◎　经营投资管理业务达 5 年以上，最近一个会计年度管理的证券资产不少于 100 亿美元或等值货币。

◎　有健全的治理结构和完善的内控制度，经营行为规范，最近 5 年没有受到所在国家或地区监管机构的重大处罚，没有重大事项正在接受司法部门、监管机构的立案调查。

2. QDII 托管人可以委托符合下列条件的境外资产托管人负责境外资产托管业务

◎　在中国大陆以外的国家或地区设立，受当地政府、金融或证券监

管机构的监管。

◎ 最近一个会计年度实收资本不少于 10 亿美元或等值货币，或托管资产规模不少于 1000 亿美元或等值货币。

◎ 有足够的熟悉境外托管业务的专职人员。

◎ 具备安全保管资产的条件。

◎ 具备安全、高效的清算、交割能力。

◎ 最近 3 年没有受到监管机构的重大处罚，没有重大事项正在接受司法部门、监管机构的立案调查。

> 🖊 一鸣证书教研组考点分析：
>
> 理解 QDII 开展境外投资业务的交易与结算情况。本考点的重点是境外投资顾问和境外资产托管人的条件。

【典型例题 29】

单选：下列不属于境外资产托管人负责境外资产托管业务应具备的条件的是（　　）。

A. 最近一个会计年度实收资本不少于 10 亿美元

B. 最近 5 年没有受到监管机构的重大处罚

C. 托管资产规模不少于 1000 亿美元

D. 具备安全、高效的清算、交割能力

【答案】B

【解析】境外资产托管人负责境外资产托管业务，需要满足的条件包括：在中国大陆以外的国家或地区设立，受当地政府、金融或证券监管机构的监管；具备安全、高效的清算、交割能力；有足够的熟悉境外托管业务的专职人员；具备安全保管资产的条件；最近一个会计年度实收资本不少于 10 亿美元或等值货币，或托管资产规模不少于 1000 亿美元或等值货币；最近 3 年没有受到监管机构的重大处罚，没有重大事项正在接受司法部门、监管机构的立案调查。

☞【考点 30】合格境外机构投资者（考点难度：中）

1. QFII 的概念

◎ 合格境外机构投资者（QFII）是我国通过制度安排允许符合条件的境外机构投资者汇入一定额度的外汇资金，转换为我国货币，通过境内专门机构严格监管的账户投资境内证券市场，其在境内的资本利得、股息红利等经相关机构审核后方可汇出境外的制度。

2. QFII 机制的意义

◎ 促使中国封闭的资本市场向开放的市场转变。

◎ QFII 机制促进国内证券市场投资主体多元化及上市公司行为规范化。

◎ QFII 机制促进国内投资者的投资理念趋于理性化。

◎ QFII 机制加快我国证券市场金融创新步伐，实现我国证券市场运行规则与国际惯例接轨。

3. QFII 的设立标准

◎ QFII 主体资格的认定

➢ 申请人的财务稳健，资信良好，达到中国证监会规定的资产规模等条件。对于资产管理机构（即基金管理公司）而言，其经营资产管理业务应在 2 年以上，最近一个年度管理的证券资产不少于 5 亿美元；对保险公司而言，成立 2 年以上，最近一个会计年度持有的证券资产不少于 5 亿美元；对证券公司而言，经营证券业务 5 年以上，净资产不少于 5 亿美元，最近一个会计年度管理的证券资产不少于 50 亿美元；对商业银行而言，经营银行业务 10 年以上，一级资本不少于 3 亿美元，最近一个会计年度管理的证券资产不少于 50 亿美元；对其他机构投资者（养老基金、慈善基金会、捐赠基金、信托公司、政府投资管理公司等）而言，成立 2 年以上，最近一个会计年度管理或持有的证券资产不少于 5 亿美元。

➢ 申请人的从业人员符合所在国家或者地区的有关从业资格的要求。

➢ 申请人有健全的治理结构和完善的内控制度，经营行为规范，近 3 年未受到监管机构的重大处罚。

➢ 申请人所在国家或者地区有完善的法律和监管制度，其证券监管机构已与中国证监会签订监管合作谅解备忘录，并保持着有效的监管合作关系。

➢ 中国证监会根据审慎监管原则规定的其他条件。

◎ 投资范围、持股比例的规定。合格境外机构投资者在经批准的投资额度内，可以投资于下列人民币金融工具：

➢ 在证券交易所交易或转让的股票、债券和权证。

➢ 在银行间债券市场交易的固定收益产品。

➢ 证券投资基金。

> ➤ 股指期货。
> ➤ 中国证监会允许的其他金融工具。
> ➤ 此外，合格投资者可以参与新股发行、可转换债券发行、股票增发和配股的申购。

◎ 境外投资者的境内证券投资，应当遵循下列持股比例限制：

> ➤ 单个境外投资者通过合格投资者持有一家上市公司股票的，持股比例不得超过该公司股份总数的 10%。
> ➤ 所有境外投资者对单个上市公司 A 股的持股比例总和，不超过该上市公司股份总数的 30%。
> ➤ 境外投资者根据《外国投资者对上市公司战略投资管理办法》对上市公司战略投资的，其战略投资的持股不受上述比例限制。

◎ 资金管制的规定：合格投资者的投资本金锁定期为 3 个月，自合格投资者累计汇入投资本金达到等值 2000 万美元之日起计算。本金锁定期是指禁止合格投资者将投资本金汇出境外的期限。

◎ 托管人资格的规定。QFII 基金托管人具有保管合格境外投资者托管的全部资产，办理有关结汇、售汇、收汇、付汇和人民币资金结算业务，监督投资者投资运作等职责。每个合格投资者只能委托 1 个托管人，但可以更换托管人。托管人应当具备下列条件：

> ➤ 设有专门的资产托管部。
> ➤ 实收资本不少于 80 亿元人民币。
> ➤ 有足够的熟悉托管业务的专职人员。
> ➤ 具备安全保管合格投资者资产的条件。
> ➤ 具备安全、高效的清算、交割能力。
> ➤ 具备外汇指定银行资格和经营人民币业务资格。
> ➤ 最近 3 年没有重大违反外汇管理规定的记录。
> ➤ 外资商业银行境内分行在境内持续经营 3 年以上的，可申请成为托管人，其实收资本数额条件按其境外总行的计算。

✐ 一鸣证书教研组考点分析：
　　掌握 QFII 的概念、规则和发展概况。本考点重点在于记忆 QFII 设立标准中各项规定的具体条件。

【典型例题 30】
单选：下列关于 QFII 主体资格认定的说法，错误的是（　　）。
A. 对资产管理机构，其经营资产管理业务应在 2 年以上，最近一个

会计年度管理的证券资产不少于 5 亿美元

B. 近 3 年未受到监管机构的重大处罚

C. 其证券监管机构与中国证监会签订监管合作谅解备忘录

D. 对保险公司而言，成立 2 年以上，最近一个会计年度管理的证券资产不少于 10 亿美元

【答案】D

【解析】对保险公司而言，成立 2 年以上，最近一个会计年度持有的证券资产不少于 5 亿美元。

第三章
计算专项

第一节　投资基础

☞ 【专项1】三大财务报表（考点难度：易）

计算公式

◎　资产＝负债+所有者权益

◎　利润＝收入−费用

◎　净现金流（NCF）＝经营活动现金流（CFO）+投资活动现金流（CFI）+筹资活动现金流（CFF）

✎ 一鸣证书教研组考点分析：

本考点的重点应先辨别资产、负债和所有者权益，再进行计算，比较简单。

【典型例题1】

单选：某A股上市公司2019年度的现金流量表中显示，购买商品、接受劳务等经营活动的净现金流是100亿，投资净现金流是70亿，融资方面的净现金流是80亿，若该公司没有其他现金流的流入和流出活动，那么该公司的净现金流为（　　）。

A. 150亿　　　　B. 250亿　　　　C. 70亿　　　　D. 80亿

【答案】B

【解析】净现金流＝经营活动产生的现金流+投资活动产生的现金流+筹资活动产生的现金流。根据这个公式将题目中给出的对应活动的净现金流相加即可，即净现金流＝100+70+80＝250亿。

☞【专项 2】财务比率（考点难度：难）

计算公式（见表 3-1）

表 3-1　财务比率计算公式

分类	公式
流动性比率	流动比率＝流动资产/流动负债
	速动比率＝（流动资产-存货）/流动负债
财务杠杆比率	资产负债率＝负债总额/资产总额
	权益乘数＝资产总额/所有者权益总额＝1/（1-资产负债率）
	负债权益比＝负债总额/所有者权益总额＝资产负债率/（1-资产负债率）
盈利能力比率	销售利润率＝净利润总额/销售收入总额
	资产收益率＝净利润总额/总资产总额
	净资产收益率（权益报酬率）＝净利润总额/所有者权益总额
营运效率比率	应收账款周转率＝销售收入/年均应收账款 应收账款周转天数＝365 天/应收账款周转率
	存货周转率＝年销售成本/年均存货 存货周转天数＝365 天/存货周转率
	总资产周转率＝年销售收入/年均总资产

✎　一鸣证书教研组考点分析：

　　本考点中财务比率的计算公式属于难点，一是记忆公式较多，记忆较困难；二是考试经常综合考核多个公式，比较灵活。四大财务比率公式中盈利能力比率和财务杠杆比率是考查比较多的，需重点记忆。

【典型例题 2】

单选：某企业 2019 年度的销售利润率为 20%，年销售收入为 10 亿元，年均总资产为 50 亿元，权益乘数为 200%，则该企业 2019 年度的净资产收益率为（　　）。

A. 8%　　　　B. 3%　　　　C. 2%　　　　D. 100%

【答案】A

【解析】本题考查净资产收益率的计算。销售利润率＝净利润/销售收入＝净利润/10 亿＝20%，可求出净利润＝2 亿元；权益乘数＝资产/所有者权益，则 200%＝50/所有者权益，可求出所有者权益＝25 亿元；净资产收益率＝净利润/所有者权益＝2/25＝8%。

☞【专项 3】杜邦恒等式（考点难度：难）

计算公式

净资产收益率＝销售利润率×权益乘数×总资产周转率

✎ **一鸣证书教研组考点分析：**

杜邦恒等式公式的计算有两种，一种是直接给出恒等式中销售利润率、权益乘数、总资产周转率的数值，直接求净资产收益率。另一种考法，是要先将杜邦恒等式中的财务比率求出来，再利用杜邦恒等式求净资产收益率，相对较难一些。

【典型例题 3】

单选 1：某公司 2019 年的销售利润率为 10%，总资产周转率为 0.7，权益乘数为 3，则该公司的净资产收益率为（　　）。

A. 32%　　　　B. 20%　　　　C. 33%　　　　D. 21%

【答案】D

【解析】根据杜邦恒等式：净资产收益率＝销售利润率×权益乘数×总资产周转率＝10%×3×0.7＝21%，则该公司净资产收益率为 21%。

单选 2：已知某公司的净资产收益率是 10%，销售利润率是 10%，权益乘数是 1，年平均总资产是 2000 万元。则该公司的年销售收入是（　）。

A. 500 万元　　B. 1000 万元　　C. 100 万元　　D. 2000 万元

【答案】D

【解析】本题涉及的公式为：净资产收益率＝销售利润率×权益乘数×总资产周转率；总资产周转率＝年销售收入/年均总资产。将相应数值代入得，年销售收入＝2000 万元。故本题选 D 选项。

☞【专项 4】终值和现值（考点难度：中）

计算公式

◎ 复利终值：$FV = PV \times (1 + i)^n$

◎ 复利现值：$PV = FV/(1 + i)^n$

◎ 单利终值：$FV = PV \times (1 + i \times t)$

◎ 单利现值：$PV = FV/(1 + i \times t)$

式中，FV 表示终值；PV 表示本金或现值；i 表示年利率；n 表示年限；t 表示计息时间。

✎　**一鸣证书教研组考点分析：**

本考点一般直接考查复利终值、现值，单利终值和现值的公式，记住即可，复利公式考查较多一些。

【典型例题4】

单选1：A公司存入银行20万元，年利率为4%，有限期为2年，按复利计息到期一次性取出，则该公司到期可以从银行一次性取出（　　）万元。

A. 21.63　　　　B. 21.65　　　　C. 22.61　　　　D. 22.65

【答案】A

【解析】2年后复利终值=20×（1+4%）²≈21.63万元。

单选2：A公司在连续2年的每一年年初存入银行2万元，银行的年利率为4%，按单利计息，那么A公司在第2年年底大致可以一次性从银行账户上取出（　　）万元。

A. 4.24　　　　B. 4.20　　　　C. 4.32　　　　D. 4.30

【答案】A

【解析】A公司在第2年年底大致可以一次性从银行账户上取出的金额=20000×4%×2+20000×4%+40000=4.24（万元）。

☞【专项5】名义利率和实际利率（考点难度：易）

计算公式

实际利率=名义利率-通货膨胀率

✎　**一鸣证书教研组考点分析：**

名义利率和实际利率的计算题相对较简单，只要记住公式即可，一般直接考查。

【典型例题5】

单选：已知通货膨胀率为3%，实际利率为4%，则名义利率为（　　）。

A. 7%　　　　B. 9%　　　　C. 4%　　　　D. 5%

【答案】A

【解析】名义利率=实际利率+通货膨胀率=4%+3%=7%。

☞【专项6】债券的估值（考点难度：难）

计算公式（见表3-2）

表3-2 债券估值计算公式

分类	公式
零息债券估值法	①期限小于一年的： $$V = M\left(1 - \frac{t}{360}r\right)$$ ②期限大于一年的： $$V = M\frac{1}{(1+r)^t}$$ 式中，V 表示贴现债券的内在价值；M 表示面值；r 表示市场利率；t 表示债券到期时间
固定利率债券估值法	$$V = \frac{C}{1+r} + \frac{C}{(1+r)^2} + \cdots\cdots + \frac{C}{(1+r)^n} + \frac{M}{(1+r)^n}$$ 式中，V 表示固定利率债券的内在价值；M 表示面值；r 表示市场利率；n 表示债券到期时间；C 代表每期支付的利息
统一公债估值法	$$V = \frac{C}{1+r} + \frac{C}{(1+r)^2} + \cdots\cdots + \frac{C}{(1+r)^n} = \frac{C}{r}$$ 式中，V 表示统一公债的内在价值；M 表示面值；r 表示市场利率；C 表示每期支付的利息；n 表示债券到期时间

✍ **一鸣证书教研组考点分析：**

本考点中债券的三种估值方法均可能出现计算题，其中第二种固定利率债券估值法的公式考查出现次数最多，记住公式即可。

【典型例题6】

单选1：某种贴现式国债面额为100元，贴现率为4%，到期时间为90天，则该国债的内在价值为（　　　）。

A. 98.75元　　　B. 98元　　　C. 100元　　　D. 99元

【答案】D

【解析】国债的内在价值为100×［1-（90×4%）/360］=99元。

单选 2：某 3 年期零息债券面额为 100 元，市场利率为 4%，那么该债券的内在价值为（　　　）元。

A. 88.89　　　　B. 100.25　　　　C. 90.25　　　　D. 88.74

【答案】A

【解析】该债券的内在价值为为：$V = M \dfrac{1}{(1 + r)^t}$。故该债券的内在价值 $= 100 / (1 + 4\%)^3 \approx 88.89$ 元。

☞ 【专项 7】期望值（均值）（考点难度：中）

计算公式

$$E(X) = \sum_{i=1}^{n} p_i x_i = p_1 x_1 + p_2 x_2 + \cdots\cdots + p_n x_n$$

式中，$E(X)$ 代表均值（预期收益率），p 代表样本概率或分布（占比或概率），x 代表样本取值（在金融中可以简单理解为是单个资产的收益率）。

✐ 一鸣证书教研组考点分析：

　本考点一般直接考核期望收益率，给出各种情况概率（占比）的数值及各种情况预期收益率的数值，直接代入期望值公式即可。

【典型例题 7】

单选 1：证券 X 的期望收益率为 15%，标准差为 20%；证券 Y 的期望收益率为 20%，标准差为 27%。如果这两个证券在组合的比重相同，则组合的期望收益率为（　　　）。

A. 17.5%　　　　B. 13.5%　　　　C. 15.5%　　　　D. 25.5%

【答案】A

【解析】本题中，证券 X 和 Y 的占比相同都 50%，则证券 X 的预期收益率为 50%×15%，证券 Y 的预期收益率为 50%×20%，则组合的期望收益率 = 50%×15% + 50%×20% = 17.5%。

单选 2：某金融产品，下一年度如果经济上行年化收益率为 9%，经济平稳年化收益率为 7%，经济下行年化收益率为 2%。其中，经济上行的概率为 20%，经济平稳的概率为 50%，经济下行的概率为 30%。则下一年度该金融产品的期望收益率为（　　　）。

A. 5.9%　　　　B. 6.2%　　　　C. 6.1%　　　　D. 6%

【答案】A

【解析】下一年度该金融产品的期望收益率 $E(r) = 9\%×20\% + 7\%×50\% + 2\%×30\% = 5.9\%$。

☞【专项8】中位数（考点难度：易）

计算公式

◎ 一组数据，从小到大排序（或从大到小）X_1……X_5，中位数为 X_3

◎ 一组数据，从小到大排序（或从大到小）X_1……X_{10}，中位数为 $\frac{1}{2} \times (X_5+X_6)$

✐ **一鸣证书教研组考点分析：**

本考点中中位数的求法较简单，主要注意第一步要先把所有数据按照从大到小或者从小到大排序，然后再求中位数。

【典型例题8】

单选：某债券投资者近年来的年收益率由低到高分别是−14%、3%、5%、6%、7%、8%，则该投资者收益率的中位数是（ ）。

A. 5.5%　　　　B. 2%　　　　C. 5%　　　　D. 2.5%

【答案】A

【解析】中位数是用来衡量数据取值的中等水平或一般水平的数值。因此，该投资者收益率的中位数 =（5%+6%）/2=5.5%。

第二节　债券价值分析

☞【专项9】可转换债券的转换价格与转换比例（考点难度：易）

计算公式

◎ 转换比例=可转换债券面值/转换价格

◎ 转换价格=可转换债券面值/转换比例

✐ **一鸣证书教研组考点分析：**

可转换债券的转换比例和转换价格计算比较简单，一般给出公式中两个已知数据，直接求第三个数据，直接记住公式即可。

【典型例题9】

单选1：可转换债券面值为 800 元，规定其转换价格为 40 元，则转换比例为（ ）。

A. 15　　　　B. 30　　　　C. 25　　　　D. 20

【答案】D

【解析】转换比例=可转换债券面值/转换价格=800/40=20。

单选2：若一可转换债券的发行面值为 100 元，转换比例为 8，2019 年 5 月 6 日该转债收盘价为 110 元，标的股票的收盘价为 5 元，则该日转换价格为（ ）。

A. 12.5 元   B. 14.5 元   C. 20 元   D. 21.8 元

【答案】A

【解析】转换价格=可转换债券面值/转换比例=100/8=12.5 元。

☞【专项 10】债券的当期收益率（考点难度：中）

计算公式

$$I = \frac{C}{P}$$

式中，I 表示当期收益率，C 表示年息票利息，P 表示债券市场价格。

> 🖉 一鸣证书教研组考点分析：
>
> 债券的当期收益率求法比较简单，记住分母是债券的市场价格，不是债券面值。

【典型例题 10】

单选：某 10 年期债券的票面价值为 100 元，当前市场价格为 80 元，票面利率为 7%，每年付息一次，则当期收益率为（ ）。

A. 8.88%   B. 11.11%   C. 8.75%   D. 12.5%

【答案】C

【解析】当期市场收益率是债券的年利息收入与当前的债券市场价格的比率。当期收益率=（100×7%）/80×100%=8.75%。

☞【专项 11】债券的到期收益率（考点难度：难）

计算公式

$$P = \frac{C}{1+y} + \frac{C}{(1+y)^2} + \cdots + \frac{C+M}{(1+y)^n}$$

式中，y 表示到期收益率；P 表示债券市场价格，C 表示每期支付的利息，n 表示时期数，M 表示债券面值。

> 🖉 一鸣证书教研组考点分析：
>
> 债券的到期收益率公式较复杂，特别是求解时需要用到求根公式，遇到这类计算题，如果不会计算，建议把四个选项分别代入公式找出正确答案，解题会比较快。

【典型例题 11】

单选：票面金额为 100 元的 2 年期债券，票面利率为 4%，每年付息一次，当前市场价格为 90 元，则该债券的到期收益率为（　　）。

　　A. 7.56%　　　　B. 7.45%　　　　C. 9.74%　　　　D. 8.76%

【答案】C

【解析】根据债券的到期收益率公式，将题目中各项指标代入公式

$$90 = \frac{100 \times 4\%}{1+y} + \frac{100 \times 4\% + 100}{(1+y)^2} \text{ 即可得出 } y \approx 9.74\%。$$

☞【专项 12】债券的久期（考点难度：难）

计算公式

◎　麦考利久期又称为存续期，是指债券的平均到期时间，从现值角度度量了债券现金流的加权平均年限，即债券投资者收回其全部本金和利息的平均时间。久期计算公式如下：

$$D_{\text{mac}} = \left[\frac{1C}{1+y} + \frac{2C}{(1+y)^2} + \cdots\cdots + \frac{nC}{(1+y)^n} + \frac{nM}{(1+y)^n} \right] \frac{1}{P}$$

式中，P 为债券价格，C 为每次付息金额，y 为每个付息周期应计收益率，n 为付息周期数，M 为面值。

◎　修正的麦考利久期等于麦考利久期除以 $(1+y)$，衡量的是市场利率变动时，债券价格变动的百分比，修正久期计算公式为：$D_{\text{mod}} = \dfrac{D_{mac}}{1+y}$。

✎　一鸣证书教研组考点分析：

本考点中久期计算相对较难，公式较难记忆。

【典型例题 12】

单选：某 2 年期债券的面值为 1000 元，票面利率为 5%，每年付息一次，现在市场收益率为 6%，其市场价格为 950 元，则麦考利久期为（　　）。

　　A. 1.84 年　　　　B. 2.02 年　　　　C. 1.65 年　　　　D. 2 年

【答案】B

【解析】根据麦考利久期计算公式：

$$D_{\text{mac}} = \left[\frac{1C}{1+y} + \frac{2C}{(1+y)^2} + \cdots\cdots + \frac{nC}{(1+y)^n} + \frac{nM}{(1+y)^n} \right] \frac{1}{P}$$

$$= \left[\frac{1 \times 1000 \times 5\%}{1+6\%} + \frac{2 \times 1000 \times 5\%}{(1+6\%)^2} + \frac{2 \times 1000}{(1+6\%)^2} \right] \times \frac{1}{950} \approx 2.20 \text{ 年。}$$

第三节　投资风险的测量

☞ 【专项 13】贝塔（β）系数的计算（考点难度：难）

计算公式

◎　贝塔系数的计算公式为：$\beta_p = \dfrac{Cov(r_p,\ r_m)}{\sigma_m^2}$

式中，$Cov(r_p,\ r_m)$ 是投资组合 p 的收益与市场收益的协方差，σ_m^2 是市场收益的方差。

◎　投资组合 p 与市场收益的相关系数为：$\rho_{p,m} = \dfrac{Cov(r_p,\ r_m)}{\sigma_p \cdot \sigma_m}$，贝塔系数也可以通过相关系数计算得到：$\beta_p = \rho_{p,m} \cdot \dfrac{\sigma_p}{\sigma_m}$，其中 σ_m 为市场的标准差；σ_p 为投资组合 p 的标准差。

> ✐ **一鸣证书教研组考点分析：**
> 本考点中贝塔系数的求法有两个公式，公式比较复杂，但考查一般比较简单，直接给出公式中各个条件，代入公式求解即可。

【典型例题 13】

单选：现有一投资组合，收益与市场的协方差为 6，投资组合的 β 值为 1.5，市场收益的标准差为（　　　）。

A. 4　　　　　　B. 2　　　　　　C. 1　　　　　　D. 6

【答案】B

【解析】β ＝投资组合收益与市场收益的协方差/市场收益的方差，故 1.5＝6/市场收益的方差，求出方差＝4，那么标准差＝2。

☞ 【专项 14】年化波动率（考点难度：中）

计算公式

投资组合波动率是单位时间收益率的标准差。年化波动率为每日波动率的 $\sqrt{T}$ 倍，年化波动率公式为 $\sigma_T = \sigma_{\text{day}}\sqrt{T}$，$T$ 代表一年交易日数量。

> ✐ **一鸣证书教研组考点分析：**
> 本考点重点在于记住年化波动率的公式，一般题干给出公式中的变量条件，直接代入公式即可。

【典型例题 14】

单选：假设基于每日收益计算得到的波动率为 6%，一年的交易日数量为 252 天，年化的波动率应为（　　）。

A. 0.5%　　　　　B. 3%　　　　　C. 95%　　　　　D. 99%

【答案】C

【解析】根据年化波动率公式，$\sigma_T = \sigma_{day}\sqrt{T}$，年化收益率=6%×$\sqrt{252}$ ≈95%。

☞【专项 15】年化下行标准差（考点难度：中）

计算公式

年化的下行标准差=每日收益率的下行标准差×$\sqrt{交易日数量}$

✎　**一鸣证书教研组考点分析：**

本考点重点在于记住年化下行标准差的公式，一般题干给出公式中的变量条件，直接代入公式即可。

【典型例题 15】

单选：假设基于每日收益计算得到的下行标准差为 10%，一年的交易日数量为 252 天，年化的下行标准差应为（　　）。

A. 93.6%　　　　B. 212.6%　　　　C. 158.7%　　　　D. 85.6%

【答案】C

【解析】年化的下行标准差=每日收益率的下行标准差×$\sqrt{交易日数量}$，所以年化的下行标准差=10%×$\sqrt{252}$≈158.7%。

☞【专项 16】跟踪偏离度（考点难度：易）

计算公式

跟踪偏离度=基金组合收益率−基准收益率

✎　**一鸣证书教研组考点分析：**

跟踪偏离度的计算比较简单，记住公式即可。

【典型例题 16】

单选：如果一个投资组合的收益率为 5%，其基准组合收益率为 3%，则跟踪偏离度是（　　）。

A. 2%　　　　B. −2%　　　　C. 1%　　　　D. 8%

【答案】A

【解析】跟踪偏离度=基金组合收益率−基准收益率=5%−3%=2%。

第四节 基金业绩评价

☞【专项17】净值增长率（考点难度：中）

计算公式

基金净值增长率的波动程度可以用标准差来计量。在净值增长率服从正态分布时，可以期望：

◎ 2/3（约67%）的情况下，净值增长率会落入平均值正负1个标准差的范围内，即净值增长率=平均净值增长率±1个标准差。

◎ 95%的情况下基金净值增长率会落在正负2个标准差的范围内，即净值增长率=平均净值增长率±2个标准差。

> ✐ 一鸣证书教研组考点分析：
> 本考点主要考查两种概率情况下对应的净值增长率落入标准差的范围。

【典型例题17】

单选：一只基金的月平均净值增长率为5%，标准差为4%，在标准正态分布下，在95%的概率下，月度净值增长率为（　　）。

A. 1%~7%　　　　　B. -5%~13%

C. -2%~10%　　　　D. -3%~13%

【答案】D

【解析】在95%的概率下，月度净值增长率=月平均净值增长率±2个标准差，故月度增长率落在-3%~13%。

☞【专项18】持有区间收益率（考点难度：中）

计算公式

◎ 持有区间收益率=资产回报率+收入回报率

◎ 资产回报率=（期末资产价格-期初资产价格）/期初资产价格×100%

◎ 收入回报率=期间收入/期初资产价格×100%

> ✐ 一鸣证书教研组考点分析：
> 持有期间收益率由两部分构成，第一步分别求出资产回报率和收入回报率，第二步再将二者相加。

【典型例题18】

单选：假设某投资者在2018年6月30日买入1股A公司股票，价格为200元。2019年6月30日，A公司发放8元分红，同时其股价为240元。那么在该区间内，持有期间收益率为（　　）。

A. 12%　　　B. 20%　　　C. 4%　　　D. 24%

【答案】D

【解析】资产回报率=（期末资产价格-期初资产价格）/期初资产价格=（240-200）/200=20%；收入回报率=期间收入/期初资产价格=8/200=4%，持有区间收益率=资产回报率+收入回报率=20%+4%=24%。

☞【专项19】时间加权收益率（考点难度：难）

计算公式

$$R = (1 + R_1) \times (1 + R_2) \times (1 + R_3) \times \cdots \times (1 + R_n) - 1$$

式中，R为时间加权收益率，R_1，R_2……R_n为各子区间收益率。

✎ **一鸣证书教研组考点分析：**

时间加权收益率的计算，首先要注意求出各个区间的收益率，然后再代入公式，如果在各个区间有分红、申购、赎回等行为，也要考虑进去。

【典型例题19】

单选：某基金2020年度期初及期末资产净值如下：2019年12月31日至2020年9月1日期间，期初资产净值为100（百万元），期末资产净值为125（百万元）；2020年9月1日至2020年12月31日期间期初资产净值为125-25=100（百万元），期末资产净值为90（百万元）。其中2020.9.1分红25万元，请问2019年12月31日至2020年12月31日时间加权的收益率为（　　）。

A. 12.5%　　　B. 10%　　　C. -10%　　　D. 25%

【答案】A

【解析】本题目要分两个时间区间即2019年12月31日至2020年9月1日期间和2020年9月1日至2020年12月31日，要分别求出这两个时间段的收益率；然后，再求整个时间周期的时间加权收益率。时间加权的收益率$R = (1 + R_1) \times (1 + R_2) - 1 = (1 + \dfrac{125 - 100}{100}) \times (1 + \dfrac{90 - 100}{100}) - 1 = (1+25\%) \times (1-10\%) - 1 = 12.5\%$。

☞【专项 20】相对收益（考点难度：中）

计算公式

◎ 算术法：$ER_a = R_p - R_b$

◎ 几何法：$ER_g = \dfrac{R_p + 1}{R_b + 1} - 1$

式中，ER_a 代表算术法计算的相对收益；ER_g 代表几何法计算的相对收益；R_p 为基金收益；R_b 为基准收益。

✐ **一鸣证书教研组考点分析：**
算术法比较简单，重点记忆几何法计算公式。

【典型例题 20】

单选：假定某基金收益为 12%，基准收益为 8%，则算术法和几何法计算出来的超额收益分别为（　　）。

A. 4%；3.9%　　　　B. 3.9%；4%

C. 4%；3.7%　　　　D. 3.7%；4%

【答案】 C

【解析】 用算术法计算出的超额收益为 12%−8%＝4%；用几何法计算出的超额收益＝（12%+1）/（8%+1）−1≈3.7%。

☞【专项 21】夏普比率（考点难度：中）

计算公式

夏普比率＝（基金的平均收益率−平均无风险收益率）/基金收益率的标准差

✐ **一鸣证书教研组考点分析：**
夏普比率公式与特雷诺比率公式类似，分母是标准差，注意区分。

【典型例题 21】

单选：假设某一时间内某基金的平均收益率为 50%，该基金的标准差为 0.6，当前一年定期存款利率为 4%，则该基金的夏普比率为（　　）。

A. 0.65　　　B. 0.77　　　C. 0.60　　　D. 0.80

【答案】 B

【解析】 该基金的夏普比率＝（50%−4%）/0.6≈0.77。

☞【专项 22】特雷诺比率（考点难度：中）

计算公式

特雷诺比率＝（基金的平均收益率−平均无风险收益率）/贝塔系数

✎ 一鸣证书教研组考点分析：
特雷诺比率公式与夏普比率公式类似，分母是贝塔系数，注意区分。

【典型例题 22】
单选：某基金年度平均收益率为 40%，假设无风险收益率为 10%，β系数为 2，标准差为 1.5，则该基金的特雷诺比率为（　　）。
A. 0.14　　　　B. 0.15　　　　C. 0.13　　　　D. 0.2
【答案】B
【解析】该基金的特雷诺比率=（40%-10%）/2=0.15。

☞【专项 23】信息比率（考点难度：中）

计算公式
信息比率=（投资组合平均收益率-业绩比较基准平均收益率）/跟踪误差

✎ 一鸣证书教研组考点分析：
注意信息比率公式的分母是跟踪误差。

【典型例题 23】
单选：A 投资组合收益率为 30%，业绩比较收益率为 15%，跟踪误差为 40%，则信息比率为（　　）。
A. 27%　　　　B. 30%　　　　C. 37.5%　　　　D. 35%
【答案】C
【解析】该基金的信息比率=（30%-15%）/40%=37.5%。

☞【专项 24】基金资产净值（考点难度：中）

计算公式
基金份额净值=（基金资金-基金负债）/基金总份额

✎ 一鸣证书教研组考点分析：
本考点的计算公式中要注意分子是基金资产净值，即基金资产减去负债，不可以直接用总资产作为分子。

【典型例题 24】
单选：某基金持有三种股票的数量分别为 20 万股、30 万股和 50 万股，收盘价分别为 40 元、20 元和 30 元，银行存款 800 万元，计提的管理费和托管费合计 300 万元，税费 400 万元，基金总份额为 1800 万份，假设该基金再无其他资产负债项目，则当日该基金份额净值为（　　）。
A. 0.63　　　　B. 1.85　　　　C. 1.67　　　　D. 0.82

【答案】C

【解析】该基金的份额净值 = （20×40 + 30×20 + 50×30 + 800 − 300 − 400）/1800 ≈ 1.67 元。

☞【专项 25】管理费、托管费计提标准（考点难度：中）

计算公式

托管费和管理费计提标准：$H = E × R /$ 当年实际天数

式中，H 表示每日计提的费用；E 表示前一日的基金资产净值；R 表示年费率。

> ✎　一鸣证书教研组考点分析：
> 　　管理费、托管费的计算公式比较简单，主要是要记住每日计提的费用是按前一日的资产净值计算，不是当日的资产净值。

【典型例题 25】

单选：假设某封闭式基金 6 月 11 日的基金净资产为 50 000 万元人民币，6 月 12 日的基金净资产为 55 000 万元人民币，该股票基金的托管费率为 0.25%，该年实际天数为 366 天，则 6 月 12 日应计提的托管费为(　　)。

A. 0.3756 万元　　　　　　B. 0.3145 万元

C. 0.3651 万元　　　　　　D. 0.3415 万元

【答案】D

【解析】6 月 12 日应计提的托管费 = 50 000×0.25%/366 ≈ 0.3415 万元。

第四章
数字专项

第一节　时间专项

☞【专项 1】时间专项

1. 可转换债券的期限最短 1 年，最长 6 年，自发行结束之日起 6 个月后才能转换成公司股票。

2. 国债回购作为一种短期融资工具，在各国市场中最长期限均不超过 1 年。

3. 短期融资券的期限不超过 1 年，交易品种有 3 个月、6 个月、9 个月、1 年。

4. 战略资产配置的投资期限可以长达 5 年以上，战术资产配置一般在一年以内。

5. 上海证券交易所规定融资融券业务最长时限为 6 个月。

6. 对于融券业务，目前大部分证券公司要求普通投资者开户时间须达到 18 个月，在上海证券交易所上市交易时间超过 3 个月。

7. 货币市场基金投资组合的平均剩余期限不得超过 120 天，平均剩余存续期不得超过 240 天。

8. 货币市场基金可以投资剩余期限小于 397 天，但剩余存续期超过 397 天的浮动利率债券。

9. GIPS 规定，除成立未满 5 年的投资管理机构外，所有机构必须汇报至少 5 年以上符合 GIPS 的业绩，并于此后每年更新业绩，一直汇报至 10 年以上的业绩。

10. 自 2006 年 1 月 1 日起，投资管理机构必须至少每季度计算一次组合群的收益，并使用个别投资组合的收益以资产加权计算。自 2010 年 1 月 1 日起，必须至少每月计算一次组合群的收益，并使用个别投资组合的收益以资产加权计算。

11. 远期交易从成立日到结算日的期限由交易双方确定，但最长不得超过 365 天。

12. 目前买断式回购的期限最长不得超过 91 天。

13. 合格投资者的投资本金锁定期为 3 个月，自合格投资者累计汇入投资本金达到等值 2000 万美元之日起计算。

第二节　比例专项

☞【专项2】比例专项

1. 利差一般用基点表示，1 个基点等于 0.01%。

2. 上交所的融资融券保证金比例不得低于 50%。

3. 上交所规定的维持担保比例下限为 130%。

4. 2008 年 9 月 19 日，证券交易印花税只对出让方按 1‰征收，对受让方不再征收。

5. 证券经纪商向客户收取的佣金不得高于 3‰，也不得低于代收的证券交易所监管费和证券交易所手续费。

6. 任何一家市场参与者的单只债券的远期交易卖出与买入总余额分别不得超过该只债券流通量的 20%，远期交易卖出总余额不得超过其可用自有债券总余额的 200%。

7. 市场参与者中，任何一只基金的远期交易净买入总余额不得超过其基金资产净值的 100%。

8. 任何一家市场参与者在进行买断式回购交易时单只券种的待返售债券余额应小于该只债券流通量的 20%。

9. 单个境外投资者通过合格投资者持有一家上司公司股票的，持股比例不得超过该公司股份总数的 10%。

10. 所有境外投资者对单个上市公司 A 股的持股比例总和，不超过该上市公司股份总数的 30%。

第三节　日期专项

☞【专项3】日期专项

1. 尤金·珐玛于 1970 年提出了有效市场假说。

2. CFA 协会于 1995 年开始筹备成立负责发展并制定单一绩效呈现标准的全球投资业绩标准（GIPS）委员会。

3. 2015 年，中国证监会与香港证监会就正式开展内地与香港基金互认工作备忘录。

4. 2014 年，中国证监会正式批复上海证券交易所和香港联合交易所开展沪港股票市场交易互联互通机制试点，简称沪港通。

5. 2016 年，中国证监会和香港证监会又共同签署了深港通联合公告，批复了深港通试点。

6. 2017 年，中国人民银行和香港金融管理局联合公告，宣布开展香港与内地债券市场互通互联合作，简称债券通。

7. 2006 年 11 月 2 日，中国第一只试点债券型 QDII 基金——华安国际配置基金发行，初始额度为 5 亿元。

第四节　金额专项

☞【专项4】金额专项

1. 对于融资融券业务，证券公司要求投资者持有资金不得低于 50 万元人民币。

2. 上海证券交易所规定，融资买入标的股票的流通股本不少于 1 亿股或流通市值不低于 5 亿元，融券卖出标的股票的流通股本不少于 2 亿股或流通市值不低于 8 亿元。

3. QDII 资格申请人的财务稳健，资信良好，资产管理规模、经营年限等应符合中国证监会的规定。对证券公司而言，各项风险控制指标符合规定标准，净资本不低于 8 亿元人民币，净资本与净资产比例不低于 70%，经营集合资产管理计划业务达 1 年以上，在最近一个季度末资产管理规模不少于 20 亿元人民币或等值外汇资产。对基金管理公司而言，净资产不少于 2 亿元人民币，经营证券投资基金管理业务达 2 年以上，在最近一个季度末资产管理规模不少于 200 亿元人民币或等值外汇资产。

4. QFII 申请人的财务稳健，资信良好，达到中国证监会规定的资产规模等条件。对于资产管理机构（即基金管理公司）而言，其经营资产管理业务应在 2 年以上，最近一个年度管理的证券资产不少于 5 亿美元；对保险公司而言，成立 2 年以上，最近一个会计年度持有的证券资产不少于 5 亿美元；对证券公司而言，经营证券业务 5 年以上，净资产不少于 5 亿美元，最近一个会计年度管理的证券资产不少于 50 亿美元；对商业银行而言，经营银行业务 10 年以上，一级资本不少于 3 亿美元，最近一个会计年度管理的证券资产不少于 50 亿美元；对其他机构投资者（养老基金、慈善基金会、捐赠基金、信托公司、政府投资管理公司等）而言，成立 2 年以上，最近一个会计年度管理或持有的证券资产不少于 5 亿美元。